2014-2021 지역산업 고용노동 리뷰

윤동열 지음

머리말

통계상으로도 실업자로 잡히지 않지만 실제로는 일자리가 없어 놀고 있는 잠재적 구직자가 올해 1분기에 분기 기준 사상 처음으로 206만명을 돌파했다. 관련 통계를 작성하기 시작한 2015년 이후 가장 많았으며, 1년 전 같은 기간 170만명보다 21.2%가 늘어 증가폭도 최대를 기록했다. 이들 대부분은 자신에게 적합한 일자리가 없거나 원하는 임금 수준에 맞는 일거리를 구하지 못해 구직활동조차 포기한 사람들이다. 통계청은 조사주간에 일을 하지 않았지만 4주간 구직활동을 했고 일자리가 주어지면 취업이 가능한 사람을 공식 실업자로 분류하고 있는데, 당장 취업이 가능하다는 점에서 잠재실업자나 '그림자 실업자'로 부르기도 한다. 이는 코로나19로 인한 경제상황 악화가 기존 실업자의 증가뿐만 아니라 추가적으로 일을 더 할 수 있는 여건이나 의지를 갖춘 잠재경제활동인구의 증가 속도에 더 빠르게 영향을 미치고 있다는 것을 의미한다.

정부에서 발표하는 공식 실업률과 원하는 만큼 일하지 못하는 취업자를 포함한 체감 실업률 간의 격차가 코로나19를 계기로 더욱 크게 벌어진 것으로 나타나고 있다. 일자리 형태의 변화 등으로 공식 실업자로 분류되지 않는 실업자의 수가 그만큼 늘어났다는 것이다. 이는 정부가 공식 실업만을 바탕으로 고용정책을 수립할 경우 체감실업자 계층은 더욱 사각지대에 내몰릴 수 있다는 것을 의미한다. 국회 예산정책처가 얼마 전에 발표한 고용보조지표를 통해 살펴본 코로나19

이후 15~29세 청년층의 고용상황을 살펴보더라도 청년 확장실업률과 통계청의 공식 실업률 간의 격차는 2018년 13.3%포인트에서 올초에는 17.2%포인트로 확대된 것으로 나타난다.

한편 지난해 취업자 수는 2019년보다 21만8000명 감소한 2690만4000명으로, 감소 폭만 놓고 보면 외환위기 이래 22년 만에 최대라 할 수 있다. 단기 재정지원 공공일자리의 증가분을 제외한다면 이러한 수치는 더 큰 폭으로 감소될 것이다. 2020년 상반기 전국민의 자발적인 참여로 K-방역 등의 성과가 확산된 반면 하반기부터는 코로나19 확산으로 사회적 거리두기 기간이 길어지고 백신 확보가 늦어지면서 기업의 채용활동이 위축되면서 잠재구직자는 작년 12월부터 급증하였으며 이 가운데 20·30대는 98만3000명으로 절반 가까이를 차지하고 있다. 노동시장 초기 이행은 전 생애에 걸쳐 근로조건 및 근로 환경, 전직 등 노동시장 성과에 영향을 미칠 가능성이 큰 만큼, 청년층의 노동시장 신규진입 및 전환지원을 위한 정책지원이 시급한 상황이라고 할 수 있다.

4차 산업혁명이 가져올 미래 일자리의 수요·공급 변화 전망을 토대로 일자리 및 경력형성 기회를 제공하고 부문별 인력양성 전략을 단기 및 중장기로 구분하여 대책 수립이 필요하다. 코로나19의 장기화로 민간일자리 창출의 한계성이 인식되고 있는 현 시점에서 고용시장 신규진입 및 전환지원, 고용안전망 강화를 위한 전달체계 개편, 중앙·지역별로 분절된 공공일자리 사업의 실효성 제고를 위한 일자리 거버넌스 체계구축이 필요하다.

특히 청년층에게 노동시장 신규진입 촉진을 위한 구직활동 지원 및 일경험 기회를 제공하고, 일자리 격차 해소를 위한 주요 일자리 사업 지속 추진하되 미래 일자리 수요·공급 선방을 통한 인력앙성 체계 구축과 전통적인 제조업과 서비스업에 종사하고 있는 인력에 대한 일자리 이·전직 지원이 필요하다. 백신 공급이 늦어지는 상황에서 고용위축 장기화에 대비하여 노동시장 신규진입 촉진을 위해 소득보전 및 구직활동이 원활히 이루어질 수 있도록 지원하고, 인적자본 형성의 공백을 메울 수 있도록 경력개발이 가능한 1년 단위 이상의 디지털 일자리 제공도 필요하다. 단기적으로 지속적으로 성장하고 있는 디지털·비대면 등 IT·SW 성장 유망업종을 중심으로 민간 일자리 경험 기회를 확대하는 한편, 취약계층을 대상으로는 생활방역, 지역경제 활성화 지원 등 지자체 수요에 대응한 지속적인 공공일자리 제공도 필요하다.

필자가 2014년 7월부터 2021년 4월까지 지난 7년 가까운 시간을 통해 고용 및 일자리 관련 이슈와 정책에 대해서 경상시론을 통해 기고한 내용을 시기별로 정리하여 출간하게 되었다. 이들 내용을 주제별로 구분하면 디지털 전환에 따른 노동시장 변화, 생산가능인구 감소, 지역산업 일자리 정책, 코로나19 확산에 따른 일자리 대응, 일자리 예산, 소상공인 지원과 재취업 정책 등 고용관련 이슈는 물론 청년, 여성, 중장년 등 계층별 일자리 정책에 대한 견해를 제시하고 있다. 또한 최저임금 인상 영향, 근로시간 단축, 고용위기지역, 고용서비스, 고용안전망 확충, 산업현장 중심의 인력양성을 위한 직업능력개발 등 다양한 내용에 대해서 다루고 있다. 시기적으로 이미 정책에 반영되거나 문제가 해결된 부분도 있으나, 역순으로 정리된 본서의 흐름을 통해 지난 7년 동안 우리나라 고용정책이 어떻게 변화해 왔는지에 대해서 정리해 보고자 했다.

마지막으로 본서는 고용 및 일자리 문제에 관심을 가지고 있는 지자체 일자리담당자나 정책기안자, 이 분야에 대해서 공부하는 연구자나 학생들은 물론 일반 시민들도 일자리 문제를 쉽게 이해하는데 작은 도움이라도 되기를 기대한다. 이 책의 출판을 위해 노력해주신 초아 이민영 대표님과 편집실, 끊임없이 생각하고 집필하도록 독려하신 경상일보와 정명숙 논설실장님께도 감사의 말씀을 드린다. 그리고 본서를 정리하는데 도움을 준 아들 윤기찬에게 특별한 감사의 말을 전한다. 마지막으로 부족한 여건에도 일자리 문제를 해결하기 위해 노력하고 있는 자리에서 최선을 다하고 계시는 한 분 한 분께 감사의 말씀을 드린다.

2021.5.8. 일감호를 바라보며

윤동열

목차

디지털 전환과 IT·SW분야 현장 인력양성을 위한 과제

21.06.21.

정부는 최근 산업 재편과 디지털 전환 가속화 등으로 폭발적으로 증가하는 소프트웨어 인력 현장수요에 대응하고 청년을 위한 양질의 일자리 확대를 위해 소프트웨어 인재 8만9000명을 추가한 총 41만 3000명을 2025년까지 양성할 계획을 발표했다. 이번 대책은 중소·벤처기업을 중심으로 소프트웨어 개발자나 웹 전문가 등 전문인력 구인난 심화에 따른 조치로 볼 수 있다. 최근 인력난에 허덕이고 있는 관련업계 구인기업과 일자리를 구하지 못해 어려움을 겪고 있던 구직자들에게는 다소 희망적인 메시지를 담고 있다.

대책의 주요내용을 살펴보면 단기적으로 중소·벤처기업의 시급한 인력 부족에 대응해 기업 주도의 단기 훈련과정을 확대하고 재직자 훈련 지원을 강화한다는 내용을 담고 있다. 지난해부터 고용노동부가 운영하고 있는 현장학습 중심의 K-디지털 트레이닝(K-Digital Training) 사업을 확대해 협회·기업·훈련기관이 공동으로 현장실습 중심의 훈련과정을 설계해 기업이 직접 선발한 청년들에게 제공하고, 훈련비와 채용 시 인건비 등 소요비용을 지원할 계획이다. 또한 지역 산업계, 노동계, 지자체, 고용센터, 대학 등으로 구성된 인적자원개발 거버넌스인 지역인적자원개발위원회를 활용해 빅데이터, 게임 등 분야별 선도기업과 함께 수요 맞춤형 훈련도 제공하는 계획을 발표했다.
중기적으로 고급·전문인재 양성을 위한 기업·대학 협력모델을 지속적으로 확산하는 한편, 학교를 통한 소프트웨어 전공자도 확대하는 계획을 수립했다. 기업이 대학 내에서 대학의 교육장과 기숙사 등을 활용해 교육과정을 운영하는 협력 사업과 대학이 공동으로 기업의 교육과정을 활용하는 네트워크 사업도 새롭게 추진할 계획이다. 물론 소프트웨어 전공자 양성을 위해 SW중심대학을 64개로 확대하고 인턴십 등 기업과 연계한 현장실습 교육을 강화한다는 계획도 포함돼 있다.
그러나 여전히 분야별·수준별 인력양성 규모 전망이 아직 미비하고 이를 통한 단기 및 중장기 인력양성 계획도 구체적이지 않아 국가경제 생태계의 혁신성장을 지원하기 위해서는 구체적인 추진계획의 보완이 필요하다. 기업 현장의 요구를 충분히 반영한 중장기적인 계획이 현장에서 실현되기 위해서는 중앙정부 개별부처, 지방자치단체 간 협업을 통한 디지털 핵심인재 양성을 위한 거버넌스 구축, 분야별 인력수요 전망, 수준별 인재양성 모델을 발굴·확산하는 노력이 필요하다.
정부는 이미 디지털 뉴딜 정책에서 고급인재 및 전문인력, 실무인력 양성을 위한 신기술 인력양성 트랙을 구축하고, 기존 산업에 대한 디지털 경제로의 이동 지원을 위한 산업별 융합 인력양성 계획을 제시한 바 있다. 이에 따라 사업별 주요 인력양성 분야를 중심으로 트랙 구축이 필요하며, 다양한 분야에 필요한 디지털 기초역량 배양에 필요한 공통과정의 성격을 지니는 과정은 범용과정으로 설계해 공통모

듈로 반영돼야 한다.

특히 초급이나 초·중급 과정은 특정 분야에 국한한 인력양성 사업이 아닌 디지털 신기술분야에 대한 폭넓은 수준의 훈련에 해당하는 과정들로 분야별 트랙 구축 시 범용과정으로 설계하는 것이 바람직할 것이다. 이러한 과정을 통해 궁극적으로는 디지털 신기술분야 트랙을 중심으로 사업별 인력양성 목표를 제시하고 트랙별 초급단계부터 고급기술까지의 경력개발경로를 명확하게 설정할 수 있다.

정부나 민간에서 제시되고 있는 트랙별 인력양성 기간도 일정하지 않다. 디지털 인력양성 트랙 구축 시 초급부터 고급까지의 훈련이수를 통해 최고 전문가까지 성장하는데 소요되는 기간에 대한 검토가 필요하다. 디지털 트랙별 특성, 교육훈련 내용 및 방법 등의 차이로 인한 인력양성 기간의 편차는 어느 정도 발생할 수 있으나, 트랙 간 형평성 및 추후 자격체계와의 연동 등을 감안할 때 인력양성 기간에 대한 일정 기준을 수립하기 위해서는 관련분야 전문가들의 자문을 통한 표준안 마련이 필요하다.

정부 디지털 전문인력 양성사업 중 상당수가 대학 혹은 대학원을 중심의 위탁과정으로 수행되고 있는데, 중급 및 고급 과정을 담당할 적합한 수행기관에 대한 검토도 필요하며, 학위과정과의 연계 적절성과 프로그램의 효과성도 고려해야 할 것이다. 이를 토대로 직업훈련기관 중심 인재양성에서 벗어나 민간이 주도하고 정부가 이를 지원하는 새로운 인력양성 모델을 구축할 수 있을 것으로 기대한다.

코로나19 영향에 따른 소상공인 지원과 재취업지원 정책 강화

2021.04.07.

코로나19 사태 이후 국내 소상공인의 경영악화가 지속되고 있다. 코로나19 3차 확산에 따른 사회적 거리두기 강도가 격상되면서 설 대목을 기대하기도 어렵고 소상공인 체감경기도 10개월만에 최악으로 나타났다. 지난해 11월 말부터 시작된 저녁 9시 이후 영업금지 조치로 인한 타격은 생각보다 큰 것으로 나타났다. 최근 소상공인시장진흥공단에 따르면 소상공인의 경기체감지수(BSI)는 35.8을 기록하면서 전월보다 15.8p 하락했으며, 전통시장 BSI도 33.5로 전월 대비 11.3p 하락한 것으로 나타났다. 코로나19 1차 유행시기인 지난해 3월 이후 열 달 만에 다시 최저치를 기록한 것이다.

실제 체감경기도 낮아지면서 자영업자 수도 현저하게 줄어들었다. 통계청에 따르면 지난해 연평균 자영업자 수는 553만1000명으로 외환위기 직전인 1994년 537만6000명 이후 가장 적은 수치로 전년대비로 7만5000명이 줄어들었다. 그나마 버티고 있는 자영업자들도 인건비 절감을 위해 고용을 줄이고 있다. 지난해 고용원이 있는 자영업자 수는 137만2000명으로 전년보다 16만5000명이 감소했는데 이러한 수치는 1997년 외환위기 이후 23년 만의 최대 감소폭이다. 반면 직원을 두지 않는 자영업자는 415만9000명으로 9만명이 증가해 19년 만에 가장 많이 증가한 수치다.

우리나라 소상공인은 대략 630만명이 종사하고 있으며, 고용인구 대비 약 42%가 소상공인으로 선진국 대비 소상공인 비율이 높은 상황으로 최근 코로나19 여파로 소상공인 폐업률이 급증하는 문제가 발생하고 있다. 이러한 문제를 해결하기 위해서 정부는 특수고용직·프리랜서 고용안정지원금과 소상공인 버팀목자금 등 주요 현금지원 사업을 설 명절 전까지 90% 이상 집행하고, 104만개에 달하는 올해 직접일자리 사업도 연초부터 신속하게 이행한다고 발표하였으나, 이러한 단기적인 정책으로는 고질적인 고용구조의 개선 문제를 해결하기는 어려울 것으로 보인다. 코로나19 이후 경영 등에 어려움을 겪는 소상공인 대상 재난지원금 성격의 금융지원은 지속되고 있으나, 임시지원 성격이 강하며 장기적으로 경쟁력을 잃은 소상공인에 대한 취업지원 확대 정책의 검토가 필요한 시점이다. 즉 폐업하는 소상공인에 대한 기존의 재정지원 방식이나 재창업 지원뿐만이 아니라 체계적인 재취업으로의 전환 지원이 필요하다.

기존 소상공인 폐업지원 정책은 폐업에 대한 법적·행정적 지원, 재창업에 대한 지원이 주를 이루고 있으나, 폐업 후 취업으로 연계되는 지원 규모나 내용은 상대적으로 적은 비중을 차지고 있어 현실적인 요구의 반영이나 사업 내용 변경이 필요한 상황이다. 특히 일반 근로자 대비 낮은 고용보험 가입률, 소상공인 관련 부처 및 지원기관 연계성 미흡, 재창업 지원 중심의 정책지원 한계 등으로 양질의 직업훈련을 포함한 통합고용서비스 이용에 한계가 발생하고 있어 이에 대한 보완이 필요하다.

창업, 운영단계, 폐업지원 등 창업 단계에 따른 다양한 지원정책이 있으나, 폐업 후 재취업 지원은 희망리턴패키지 사업에 국한되어 운영 중에 있다. 희망리턴패키지 사업은 재취업 지원 정책이나, 폐업 지원, 법률자문, 재창업 교육 등 취업 이외의 지원이 다수이며, 체계적인 재취업 지원이 부족한 상황이다. 특히 재기 지원을 위한 센터가 존재하고 있으나, 소상공인 관련 업무를 전반적으로 지원을 하는 소상공인지원센터 내 소규모로 운영 중이며 일부 지역에 국한되어 운영되고 있다.

소상공인 재기 지원을 위해 재취업 지원 거버넌스 구축, 재취업 지원 적정규모 검토, 개인 맞춤형 지원, 적정 일자리 발굴 등이 필요한 상황이다. 재취업 지원 총괄 거버넌스로 소상공인 재취업지원센터를 설치하고, 유관부처 및 기관 간의 협업을 위한 소상공인 재취업 지원 협의체를 구성하며, 성공적인 재취업을 위한 상담-교육훈련-취업연계지원의 단계별 접근이 필요하다.

이렇게 함으로써 이들의 경험을 살린 중소기업, NPO, 사업컨설팅, 기타 공공기관 관련 인력 등 다양한 인력 수요처를 발굴할 수 있을 것이다. 또 중소기업 일자리 플랫폼을 활용한 소상공인 특성을 반영한 고용서비스 제공은 물론 워크넷 등 기존 고용서비스 데이터베이스와의 연계·협업을 통해 단계별 통합고용서비스 발전방안도 마련할 수 있을 것이다.

코로나19 비대면시대 제품안전 기준 강화 필요하다

2021.03.09.

코로나19로 우리는 전 세계적으로 전례 없는 변화를 강요받고 있으며, 소비자의 근본적 행동과 생활 패턴조차 변화하고 있다. 치료제 개발이 지연되고 백신 접종도 주춤하면서 디지털 전환의 속도가 빨라지고 비대면 비즈니스가 성장함에 따라서 온라인 소비도 급증하고 있다. 국내외 경제위축과 함께 고용에 대한 불확실성이 증가하면서 전반적으로 소비가 위축되는 가운데 가성비를 고려한 비대면 소비 패턴은 꾸준히 증가하고 있다.

코로나19로 인해 떠오른 비대면 구매 현상은 이전부터 증가하고 있던 온라인쇼핑 트렌드를 가속화해 백화점과 대형마트 등을 통한 오프라인 구매는 급락한 반면 온라인 구매는 급증하고 있다. 매년 10% 이상 꾸준히 성장해 온 무점포 채널은 코로나19 기간 동안 전년 동기 대비 20% 이상의 꾸준한 성장을 보이면서, 전체 소매판매 중 20% 수준의 채널 장악력을 확보하고 있다. 특히 전통적으로 온라인 침투율이 낮았던 식품 부분의 온라인 성장이 가파르게 나타나고 있는데, 소비자들은 신선도에 대한 신뢰 때문에 식품만큼은 오프라인 매장에서 구매하고자 하는 성향이 강했으나, 감염병이 만든 이례적 현상으로 식품 또한 온라인에서 구매하는 소비자가 급증하고 있다.

한편 극장, 헬스장 등 다중이용시설 이용에 대한 부담이 증가하면서 집에서 동영상 스트리밍 서비스를 통해서 영화나 드라마를 감상하고, 실시간 영상에 따라 운동을 하는 홈트레이닝과 같은 비대면·개별형 생활 방식이 확대되고 있다. 이렇게 실외활동이 제한되면서 유통 산업에서는 코로나19를 계기로 그동안 온라인으로는 쉽게 구입하지 않았던 품목에 대한 구매도 증가하고 있다. 작년부터 마스크를 포함해 공기청정기, 살균기, 전기소독기, 홈트레이닝을 위한 운동기구 등 비대면 관련 제품에 대한 소비자의 관심과 구매가 증가하고 있다.

이처럼 코로나19 시대에는 소비자들의 비대면화, 디지털화 경향이 강화되면서 온라인 판매제품에 대한 안전기준 표준화에 대한 국제협력이 절실한 상황이다. 지난해 글로벌 제품안전 혁신포럼에서 강조되었던 바와 같이 유통의 흐름이 온라인으로 넘어간 시점에서 온라인 판매제품에 대한 안전관리 방안을 조속히 수립하고, 온라인 판매제품에 대한 안전 가이드를 제시하며, 온라인 모니터링 체계를 구축하는 등 소비자들이 안심하고 구매하고 사용할 수 있는 안전한 사회를 만들고자 하는 노력이 무엇보다 중요하다.

정부는 이러한 사회 변화를 인식하고 융복합·신기술 등 기술발전에 대응하고, 다양한 분야에서 사용되고 있는 2차전지에 대한 안전관리도 추진하는 등 비대면 중심의 소비 추세 변화를 반영해 유통 제품에 대한 안전관리를 강화하고자 정책 방향 설명회를 개최한 바 있다. 비대면 관련 제품을 인증대상으로 포함하고 유통 중인 제품에 대한 안정성 집중 조사, 융복합·신기술 등 기술변화에 대응하기 위해서 소프트웨어가 탑재된 제품과 2차전지의 안전관리 강화, 제품안전 역량 강화를 위한 전문연구·지원센터를 신설하고 조사권한을 강화하는 등 선제적 대응을 강조하고 있다.

비대면 경제는 코로나19에 대응한 일시적인 현상이 아니라, 아날로그 경제에서 디지털 경제로 전환하는 과정이라 볼 수 있다. 현재로서는 비대면 코로나19의 감염 위험을 줄이는 불가피한 선택으로 보일 수도 있겠지만 지금까지 대면접촉 등 아날로그 방식으로 이루어졌던 활동 등이 디지털·비대면 방식으로 대전환하고 있다는 것이다.

비대면 소비 트렌드 변화와 기술발전 등에 대응해 제품안전 강화 방안을 확보하고 소비자들의 의견을 수렴해 유관기관 간 협력 강화 등을 추진하고자 지속적인 노력이 필요하다. 특히 코로나19와 관련해 소비자들에게 피해가 발생하는 주요 제품에 유통을 차단하고, 감염병의 장기화 및 신종 감염병의 출현 등에 따른 전통적인 온라인 및 전자상거래 외에 D2C(direct-to consumer), SNS, AR·VR을 통한 쇼핑, 해외직구 및 구매대행, 온라인 중고거래 등 쇼핑 채널과 구매 방식이 다양해지면서 발생하는 소비자 제품안전 문제 해결을 위한 제도적 보완도 필요하다. 특히 제품안전정책플랫폼 구축을 통한 소통 강화로 소비자의 정책참여를 확대하고 협력적 거버넌스를 구현하며 적극적인 협력을 통해 제품안전 관리 역량을 강화하는 근본적인 노력이 중요하다.

자동차부품업체 미래 전환을 위한 지원 방안 마련 필요

2021.02.02.

한국 자동차산업은 수출액과 생산량 측면에서 2010년대 초반 최고에 도달한 이후 점차 감소하고 있을뿐만 아니라, 자율주행차와 전기차, 수소차 등 미래형 자동차산업의 새로운 성장 동력을 모색해야 하는 상황에 직면해 있다. 특히 완성차 생산업체의 해외 자동차 시장점유율 하락으로 영업실적 악화가 전망되고, 부품생산 중소기업의 수익률 감소와 근로자 임금 인하 요인으로 작용할 가능성도 배제하기 힘든 상황이다.

연간 자동차산업 동향에 따르면 자동차 생산은 전년 대비 11.2%, 수출은 21.4% 줄어들었으며 모두 2017년 이후 4년 연속 감소세다. 연간 생산대수는 351만대로 코로나19 공장 확진자 발생과 판매 위축 등으로 원활한 수요공급이 이루어지지 않으면서 감소한 상황이다. 다만 내수는 개별소비세 인하로 인한 소비 진작 효과로 5.8%가 증가한 189만대로 집계되어 역대 최다를 기록하면서 주요국가 중 한국만 유일하게 늘어났다. 하지만 자동차 시장 수출 타격은 그 어느 때보다 심각했다. 2020년 수출 시장에서 1분기 18.4%, 2분기 47.6% 등 상반기에만 33.9% 감소하는 등 코로나19 여파로 심각한 타격을 받았다.

자동차산업 상생협력 일자리 생태계 구축으로 노동시장의 이중구조를 해소하고, 상생협력 생태계 구축을 통한 양질의 일자리 유지 및 창출을 위한 원청과 협력업체 간 동반성장 필요성이 지속해서 제기되고 있으나 정부 지원정책과 대기업 지원활동과 정부 지원정책의 체계적 연계는 여전히 미흡한 상황이다. 산업부는 자동차 부품산업 활력 제고 방안을 마련하고 자동차 부품산업 생태계 유지, 자동차 부품산업의 근본적 체질 개선, 미래차 생태계 구축을 위한 정책 수단을 제시하였으며, 현대·기아자동차는 다양한 측면에서 부품 생산업체에 대해 지원하고 있으나 단기적 협력 차원을 크게 벗어나지 못하고 있다. 특히 제시되고 있는 상생협력사업은 여전히 기업간 수직적 계열구조를 극복하고 이윤배분의 공정 및 노동시장의 격차 해소 노력에 따른 성과를 평가하기에는 아직 이른 상황이며 미래차 생산의 공동기술개발 단계로도 발전하지 못하고 있는 상황이다.

한국 자동차의 가격경쟁력은 중국 자동차산업 성장으로 약해지고 있으며, 일본과 독일의 기술력과 고품질을 극복하지 못해 중소부품업체에 전가되면서 마진율이 지속적으로 저하되고 있는 상황이다. 기술적인 측면에서도 내연기관 다변화, 자율주행차와 전기차 확산이 급속화하며 패러다임 전환이 일어나고 있으나 상생협력 일자리 생태계 구축이 미흡한 상황으로 자동차부품업체의 생산성 증대를 기대하기 힘든 상태이다. 완성차 생산업체 중심의 수직적 하도급 구조는 현장에서 부품생산업체의 기술개발과 숙련인력양성을 어렵게 하는 핵심적 요인으로 작동하고 있다.

미래형 자동차 개발에 참여할 수 있는 연구개발 기술을 갖춘 대규모 부품생산업체의 수가 절대적으로 부족하므로 디지털과 그린 전환에 대비하기 위한 원하청 간의 상생협력 생태계 구축을 강화하는 노력이 무엇보다도 필요한 시점이다. 고급 자동차의 충돌예측 제어기술, 자율형 안전 주행기술 등은 모두 해외 부품생산업체에서 수입하고 있는 형편이고, 부품생산업체의 연구개발 집약도가 1% 미만으로 국내 산업 평균보다 낮은 상태로는 현재 위기상황을 극복하기 어려울 것이다.

한국 자동차산업은 매출액 측면에서는 완성차와 부품생산업체가 동반성장을 하는 등 안정적인 성장 추세를 구가하였으나 생산성 기반의 이윤분배가 실현되지 못하고 있다. 이를 극복하기 위해서는 우수인력 확보와 핵심 연구개발 인력양성체제 구축이 필요한데 자동차 부품업체의 취약한 연구개발 기반 구축과 능력 제고를 위한 우수인력 유치와 관리 프로젝트 개발에 정부의 역할 확대가 필요할 것이다. 이는 지역산업 맞춤형으로 완성차, 자동차부품업체, 지방정부의 삼자 협조체계에서 직업훈련 및 사회 안전망 구축의 상호 보완적 관계 마련을 통한 중장기적인 관점에서 수행되어야 한다.

코로나19 영향과 신축년 한국경제 전망과 과제

2021.01.03.

신축년 새해가 밝았으나 한국 경제의 앞길은 순탄치 않다. 기획재정부, 한국은행, 국제통화기금, 경제협력개발기구 등 국내외 주요 기관이 발표한 2021년 한국의 경제성장률은 2.8~3.2% 수준이다. 단순히 수치만 보면 코로나19 사태 이전을 회복할 전망이지만 지금과 같은 확진자 증가세를 고려하면 경제성장률 전망을 낮출 수밖에 없을 것으로 보인다.

최근 한국경제연구원 발표에 따르면 일평균 확진자가 1200명으로 증가한 상황에서 백신 보급이 1·2분기 시작해 2022년 4분기에 코로나19가 종식하면 올 경제성장률은 0%를 기록한다고 나타났다. 그러나 백신 접종이 하반기로 미뤄지거나 코로나19 확산세가 더 거세져 일평균 확진자가 1500명 또는 2500명으로 늘어날 경우 경제성장률은 -2.7%, -8.3%로 역성장할 수 있다는 추가 전망도 있다. 즉 코로나 확산 정도와 백신 도입 시기가 2021년 한국경제의 회복 정도에 크게 영향을 미친다고 볼 수 있다.

현재까지 정부가 코로나19 백신 구매를 계약했거나 매매를 약속한 제약사는 아스트라제네카, 화이자, 얀센, 모더나 등 4곳이다. 이 중에 아스트라제네카, 화이자, 얀센과는 이미 계약을 맺었고 모더나와는 논의 중에 있다. 아스트라제네카는 싼 가격과 유통의 편리성 등 때문에 코로나19 사태 종식에 큰 역할을 할 것으로 기대했으나 유럽

의약품청은 판매 승인을 허가하기에 충분하지 않으며 정식 승인신청서도 아직 제출하지 않았다고 밝힌바 있다. 미국과 유럽연합이 승인하지 않은 백신을 한국이 먼저 승인하는 것에 대한 위험 부담도 있다.

반면 화이자 백신은 영국에 이어 미국과 유럽연합 등 세계 40여 국이 승인했고, 미국 대통령 당선자 조 바이든도 이 백신을 공개 접종한바 있다. 현재까지 가장 신뢰성이 높은 백신이나 다른 나라보다 상대적으로 늦게 계약을 체결했기에 1천만명분 국내 도입시기는 3분기는 되어야 할 것으로 보인다. 얀센이 개발하는 코로나19 백신은 한 차례만 맞아도 된다는 게 큰 장점이 있으나, 아직 백신 개발도 완료하지 못했으며 승인도 받지 못한 상황이라 지속적으로 추이를 지켜봐야 하는 상황이다.

정부는 모더나 백신을 내년 3분기에 1천만명분을 공급받을 수 있을 것으로 예상했으나, 최근 문 대통령이 직접 나서면서 상황이 바뀌었다. 지난 28일 스테판 방셀 모더나 최고경영자와 화상통화를 했고, 2천만명분의 백신을 2분기 안에 공급받기로 합의했다. 다만 아직 최종 계약이 성사된 것이 아니므로 실제 결과는 지켜봐야 하는 상황이다. 정부는 추가로 국제 백신 공동구매·분배 조직인 코백스 퍼실리티와 1천만명분의 백신을 공급하기로 지난 10월 협약을 맺었는데, 이를 구체적으로 확답받지 못했고, 현재 상황이 그렇게 긍정적이지도 않다.

한편 국민적인 노력으로 코로나19 확산세를 진정되고 일평균 확진자가 337명으로 줄어든다는 전제하에 올 1분기부터 백신을 도입되더라도 경제가 빠르게 회복하기는 어려울 것이란 전망도 있다. KDI 보고서에 따르면 코로나19의 충격으로 지난해 2020년 4월과 9월에 각

각 108만 개와 83만 개의 일자리가 사라진바 있으며 제조업 분야 16만 명을 제외하고 사라진 일자리의 대부분은 지역 서비스 업종이었다.

코로나19에 따른 장기적인 경제 충격은 가계 소비 여력을 훼손하고 내수부진으로 이어져 소상공인과 자영업자의 몰락으로 이어질 수 있다. 반드시 금년 내에는 코로나19가 반드시 종식되고 사회와 일상생활이 정상화될 수 있는 계기가 마련되어야 한다. 이를 위해서는 늦었지만 백신 확보를 위한 정치적인 협력과 상호이해가 필요한데 여야 정치인들을 바라보는 국민들의 마음은 착잡하기 그지없다. 미국이나 주요 선진국들은 백신 확보를 위해 전문가에게 전권을 부여하고 더 나아가 추진부처에 면책특권까지 부여하고 있다.

단기적으로 소상공인을 대상 3차 재난지원금은 지원은 가뭄의 단비와도 같을 것이다. 그러나 기존의 소상공인은 물론 기업 구조조정으로 밀려 나온 베이비붐 세대가 재취업을 못해 자영업 전선으로 뛰어든 누적된 경제 구조적 요인과 고용충격으로 인해 신규채용이 현격히 줄어들면서 졸업과 동시에 실업자로 전락하는 청년층의 아픔을 고려할 때 단기적 재정지출 확대도 중요하지만 중장기적인 관점에서 고용구조 개선과 민간부문 일자리 창출을 위한 로드맵 수립이 필요하다.

코로나로 인한 고용감소와 취약계층을 위한 고용안전망 구축

2020.12.08.

코로나19 여파로 지난달 취업자 수가 글로벌 금융위기 이후 처음으로 8개월 연속 줄었다. 이는 2009년 8월 이후의 최장기간 연속으로 감소된 기록으로 11월 통계청 발표를 기다려야겠으나 실업자 수와 구직단념자 숫자도 큰 규모로 증가하는 등 고용지표가 극도로 악화되고 있는 상황이다. 지난 통계청 10월 고용동향에 따르면 지난달 취업자 수(2708만8000명)는 1년 전보다 16만4000명이 줄었으며, 실업자 수(102만8000명)와 실업률도 3.7%로 높은 수치를 기록하고 있다. 월간 취업자 수 감소 규모가 40만 명대를 기록한 것은 지난 4월 이후 6개월 만이며, 취업시장의 문이 닫히면서 구직 활동을 하지 않는 구직단념자도 57만8000명을 기록하고 있다. 현재의 통계 및 실업률 집계에서 아예 빠지는 비경제활동인구도 50만8000명 늘어나면서 고용감소는 계속되고 있다. 이러한 수치에서 보여주는 바와 같이 사회적 거리두기가 본격화된 4월부터 휴업, 무급휴직, 계약종료 및 해지 등으로 가구소득 감소 현상이 두드러지게 나타나는 상황이다.

연령별로 살펴보면 20대와 30대의 일자리 감소가 심각한 것으로 나타나고 있다. 20대 이하는 2.5%(8만2000개), 30대는 1.9%(8만2000개)씩 2019년 동기 대비 감소했으며, 2020년 1분기 20대 이하는 1만3000개, 30대는 4만7000개씩 일자리가 줄었다. 이는 코로나19 충격이 시작된 1분기보다 감소폭이 각각 6배, 2배씩 증가한 결과이다. 제조업이나 숙박·음식점업 등 20대와 30대 점유율이 높은 산업에서 주로 일자리가 감소했으며 민간기업의 신규채용이 2019년 같은 기간보다 대폭 위축된 영향으로 판단된다.

세계적인 상황을 살펴보더라도 코로나19로 인한 노동시장 전망은 긍정적이지 않다. 최근 ILO의 발표를 인용하면 코로나19 사태로 올해 9월까지 전세계 노동자들의 임금 소득이 지난해 같은 기간에 비해 10.7% 감소한 것으로 나타났다. 특히 개발도상국의 비정규직이나 단기일자리 노동자들의 어려움은 과거의 어떤 위기 때보다 심각한 상황으로 보고하고 있다. 전세계적인 봉쇄조치로 노동시간이 급격히 줄어들면서 취약계층을 중심으로 임금소득이 급격히 감소하였으며, 중하위 소득 국가 노동자들의 소득 감소폭은 고소득 국가의 감소폭 9% 대비하여 높은 수준인 15.1%로 나타났다.

노동시장의 어려움이 단기간에는 해소되지 못할 것으로 판단되며 소비여력 감소로 세계경제 회복도 늦어질 것으로 보인다. 특히 개도국의 비정규직이나 파트타임 일자리에 종사하는 노동자들의 상황은 더욱 심각한데 고소득 전문직종 근로자와 같이 재택근무 등을 통한 충격을 완화할 여력이 부족하여 코로나19로 노동활동의 직접적인 제약을 받고 있다.

국내에서도 소상공인은 물론 저임금·저숙련 일자리에 종사하고 있는 근로자들에게는 갑작스런 소득손실이 삶에 치명적인 영향을 주고 있다. 코로나19 재확산과 2.5단계의 격상은 실물경기에 크게 영향을 미치면서 원활한 경제활동에 부정적인 영향을 미치면서 지역사회는 물론 대기업, 중견·중소기업의 구인수요는 크게 감소하고 있다. 기업 채용계획의 취소나 연기는 80% 이상에 이르고 있으며, 청년층의 신규채용은 물론 비정규직이나 파트타임, 인턴십 업무에 종사하던 근로자들의 단기 일자리가 상당부분 감소한 상황이다. 청년이나 취약계층의 구직수요는 상대적으로 증가하고 있으나, 전반적인 고용상황이 더욱 악화되고 있는 상황이다. 최근 이들에 대한 취업지원 서비스 수요가 가파르게 증가하고 있으나 공공 및 민간고용서비스기관 현장에서는 대면서비스 제약 등으로 투입할 수 있는 역량과 인력의 한계에 부딪히고 있는 상황이다. 기존의 취업지원서비스 체계로는 코로나19로 인해 변화된 사회문제를 해결하는데 한계가 있는 것이다.

코로나19로 인한 고용위기의 여파는 지속가능한 고용안전망의 필요성을 더욱 부각시키고 있다. 자영업자 및 취약계층을 중심으로 일차적 고용안전망이라 할 수 있는 고용보험 확대의 논의가 본격적으로 이루어지고 있다. 기술발전에 편승하여 공유경제, 플랫폼노동 등 새로운 고용 형태가 출현하고 있으나 고용안전망이 이러한 노동자들을 유연하게 포괄하지 못하는 상황이다. 특히 특수고용형태 종사자는 실제 고용주-피고용자 간의 고용관계를 유지함에도 노동비용 절감을 위해 사업적 계약관계를 맺고 있어 고용보험 사각지대에 놓여있는 상황이다. 향후 저소득 실업자와 구직자를 대상으로 하는 국민취업지원제도의 성공적 안착을 위해서라도 고용보험의 사각지대인 특수고용형태 종사자들을 위한 고용보험의 적용 확대에 대한 논의가 필요하다.

바이든의 당선이 한국경제에 미치는 영향

2020.11.08.

조 바이든 민주당 대선 후보가 필라델피아에서도 승리를 거두면서 승리를 선언했다. 선거결과는 한국의 사회·경제적인 변화를 불러일으킬 것으로 보인다. 전형적인 민주당 노선을 따르는 바이드노믹스(Bidenomics)로 향후 미국 경제는 10년간 연평균 2.9% 성장할 것으로 전망된다. 이러한 영향에 따라 바이든 당선이 한국 경제성장률에 최대 0.4%p 긍정적인 영향을 미칠 것이라는 연구기관의 발표도 있었다. 전통적으로 큰 정부를 지향하는 민주당은 진보성향을 띄고 있으며, 대규모 미국 내 경기부양으로 한국의 수출이 늘어나는 등 긍정적인 파급 효과가 있을 것으로 보고 있다. 특히 바이든이 당선됨에 따라 중국을 견제하기 위해 미국 중심의 동맹체를 구체화할 것으로 보이며 한국은 미국과 중국 중에 누구와 동맹을 강화해야 할지 선택해야 하는 압박을 받을 것이 분명하다.

한국이 가장 주목할 부분은 수출 증가 가능성이다. 특히 중국에 대한 수출 의존도가 높은 우리나라의 상황에서 미중 무역 갈등이 한국에 미치는 영향에 대해서 면밀하게 검토하여 대비해야 할 것이다. 트럼프 정부는 통상법 201조, 통상법 301조, 무역확장법 232조에 근거한 관세 부과 등을 통해 중국에 대한 일방적인 보복 조치를 사용했다. 이러한 관세 부과는 일시적으로 자국 산업을 보호하기도 했으나, 미국에 수입되는 중국산 제품의 가격을 올리고 중국의 보복관세로 미국 제품의 중국 수출이 줄어들면서 자국인들도 함께 경제적 피해를 입기도 했다.

전통적으로 민주당 정권 시에 잦은 무역 개입으로 관세가 높아지는 등 한국에 부정적인 영향을 끼쳤으나, 이미 트럼프 정부가 상당한 보호무역 정책을 펼쳐 왔으므로 바이든은 보호무역이지만 강도는 약할 것이며 한국에 더 긍정적으로 작용할 수도 있다. 바이든은 신규 무역협정을 고려하고 않고 기존 무역협정의 이행에 중점을 둘 것으로 보이며, 자국의 지적 재산권 보호를 위해 노력하면서 미래의 무역협정은 미국 노동자를 보호하는 조항에 기반할 것으로 예측된다.

특히 트럼프처럼 국제기구를 배척하기보다는 국제기구 개혁을 통해 미국의 리더십을 회복하고자 노력할 것이다. WTO가 해결하지 못하는 디지털 무역, 중국 국영기업의 보조금 문제 등도 논의의 대상이 될 것이며, WTO 개혁을 미국이 주도하기 위해 변화를 꾀할 것으로 보인다. 바이든은 동맹국과 협조해 불공정 무역 거래를 하는 나라를 제재하겠다고 이미 선언한 바 있다. 바이든은 동맹국들이 미국 중심의 공급망 확대에 참여해야 한다고 촉구하고 있는데, 한국, 일본, EU, 호주 등이 당연히 들어갈 것으로 보이며 한국은 선택을 강요받게 될 것으로 보인다.

이러한 과정에서 바이든 정권은 트럼프 대통령이 탈퇴한 환태평양경제동반자협정(TPP)과 같은 지역경제협정을 부활시킬 가능성이 있다. 다만 부활시키는 과정에서 양자주의를 적용해 새로운 노동과 환경 규제들을 관철시키게 된다면 한국 기업들의 대미 수출이 어려워질 수 있을 것이다. 이미 바이든은 2025년까지 탄소세를 도입하겠다고 공약을 했고, 이런 정책 시행으로 미국의 환경 및 노동 규제가 수출확대의 악재로 작용할 수 있을 것이다. 연방 최저임금도 7.25달러에서 15달러로 인상을 추진할 예정으로 수출 현지기업의 입장에서 부담으로 작용할 수 있다.

미중 무역 갈등에서 생존하기 위해서는 반도체, 자동차, 조선 등 경쟁력 있는 산업부문에서 독자적인 위치를 확보하기 위해 노력해야 할 것이다. 특히 미 대선 과정에서 발표한 바이든의 친환경 정책에 대해 분석하고 한국정부의 그린뉴딜 정책과 연계해 우리 기업들의 해외 진출과 경쟁력 확보를 위한 실질적인 지원방안을 마련해야 할 것이다. 무엇보다도 수출선의 다변화로 미국과 중국에 대한 무역 의존도를 낮춤으로써 이들 국가 간에 선택을 강요받는 상황에서 위험을 최소화할 수 있도록 장기적으로 대비해야 할 것이다.

코로나 팬데믹 속 일자리 변화 지원방안이 필요하다

2020.10.06.

4차 산업혁명의 진전과 기술발전으로 과거의 전통적인 일하는 방식과는 다른 새로운 일하는 방식에 대한 요구가 사회적으로 증가하고 있다. 기업에서는 계층적 조직과는 다른 네트워크 조직의 확산으로 관리와 통제 중심의 업무방식에서 자율성과 협업에 기초한 성과 중심의 일하는 방식이 확산되고 있는 것이다. 특히 이러한 기술 변화는 채용, 평가, 보상, 교육훈련 등 기업의 인사관리 관행은 물론 근로자들의 필요역량과 노사관계에도 영향을 미치고 있는 것이다.

특히 코로나19 전염병 확산에 따른 비대면 서비스 요구 증가로 비정형적인 근무방식과 안전관리 대처 필요성이 보다 강화되고 있는 상황에서 디지털 전환(digital transformation)에 따른 일하는 방식의 변화 진행 속도가 급격히 빨라지고 있다. 전통적으로 사람 간 접촉에 의해서 이루어지던 서비스가 온라인 혹은 가상의 공간을 통해서 전달되고 비대면 소통 방식으로 전환되면서 디지털화된 정보 및 인공지능에 의한 정보처리 의존성 강화되고 있다.

그러나 이러한 디지털 전환 과정에서 생산적 정보활용 역량(digital literacy)이 낮은 취약계층의 피해와 희생이 초래되지 않도록 제도적 뒷받침 필요하다. 특히 코로나 팬데믹으로 디지털 기술을 활용한 원격, 재택근무 등 비대면 근로가 증가하는 한편 사회적·생활 속

거리두기로 배달, 콜센터 등 일부 서비스업종 플랫폼 비즈니스가 기하급수적으로 증가하고 있는 것이 현실인데, 생산성 하락 없이 비대면 근로가 가능하도록 중견중소기업과 근로자를 지원하는 법적·제도적 뒷받침이 필요하다. 노동수요는 증가하였으나 불안정한 고용형태를 지닌 사각지대 노동자에 대한 사회적 보호제도 마련이 시급한 상황이다.

한편 새로운 고용형태의 등장과 근로시간 및 장소 등의 유연화로 전통적인 일하는 방식의 근본적인 변화가 예상되고 있는데, 새로운 방식의 세계화의 급진전으로 ICT를 이용한 사람 간 이동 거리(distance) 개념이 소멸하고, 소통(communication) 방식에서의 비대면 디지털화, 원격근무 및 유연근무제 확산 등 근무 공간의 다변화 및 근무시간의 유연화에 따른 인사관리 체계의 변화가 필요한 것이다. 또한 수직적 조직 체계 보다 팀이나 워킹그룹(workgroup) 단위의 구성원들이 자기 결정권을 가지고 네트워크 형태로 협업하는 체계 확산되고 있다.

코로나19로 전반적인 고용상황이 악화되면서 비정규직이나 파트타임으로 종사하던 디지털 취약계층의 단기 일자리 감소 가속화되고 있다. 사회적 변화로 일자리를 잃는 취약계층이 증가하고 있는데 대부분 저숙련 노동자가 차지하고 있는 상황이다.

문제는 이들 노동자는 법적 지위와 사회 안전망으로부터 보호를 받지 못하고 있으며, 장시간 노동, 낮은 임금, 인권침해 및 각종 위험에 노출되어 있다는 것이다. 직업능력, 업무방식, 생계의존도 등 플랫폼 노동자의 다양성을 반영한 법적·제도적 보호방안 마련이 필요한 것이다.

대기업은 물론 중견중소기업들도 코로나19의 여파로 전반적인 채용규모를 줄이고 있는 상황이다. 이에 디지털 전환에 따른 중소기업 원격근로 활성화를 지원하고 양질의 일자리 유지·창출에 기여하기 위해서는 비대면 산업의 확산 등 디지털 전환에 따른 일자리의 소멸과 생성, 직무와 숙련의 변화 등에 미치는 영향을 분석 및 예측·평가하고 이에 기초한 선제적 대응방안 마련이 필요한 것이다.

노동시장 신규진입 촉진을 위한 구직활동 지원 및 일경험 기회를 제공하고, 일자리 격차 해소를 위한 주요 일자리 사업 지속 추진하여 미래 일자리 수요·공급 전망을 통한 인력양성 체계구축과 일자리 전환 지원을 체계적으로 수행해야 할 것이다. 새로운 일자리로의 이동을 위해 디지털·그린 인재 양성과 체계적으로 연계하고 미래적응형 직업훈련체계로 개편을 위해 기업·대학·민간 기관의 혁신을 지원해야 할 것이다. 또한 대기업과 중소기업 간 불균형 해소를 위한 노력은 물론 중소기업의 원격근무 확산 및 소상공인 온라인 비즈니스 지원체계 마련하기 위한 지원이 지속적으로 필요하다.

디지털·그린 뉴딜 인재양성을 위한 개선 과제

2020.09.01.

한국판 뉴딜에 대한 구체적인 개념이 정립되지 않은 상황에서 개별 부처와 지방자치단체도 기존 사업을 뉴딜로 포장하여 백화점식 사업의 나열에 그칠 수 있다는 우려가 나타나고 있다. 특히 최근 신종 코로나바이러스 감염증(코로나19) 재확산에 따른 중소기업은 물론 대기업의 영업활동 및 구직자의 취업 제한으로 사업주와 근로자의 생존권이 위협받고 있는 상황에서 일자리 감소 및 장기실업자의 증가에 따라 국민들도 디지털·그린 뉴딜이 지역경제 미치는 실효성에 대한 고민이 늘어가고 있다.

특히 디지털·그린 뉴딜 및 신기술 분야에 대한 핵심인재 양성 정책을 살펴보면 분야별·수준별 산업계 인력양성 규모 전망이 아직 미비하고 이를 통한 단기 및 중장기 인력양성 계획도 구체적이지 않아 국가경제 생태계의 혁신성장을 지원하기 위해서는 다소 보완이 필요한 것으로 보인다. 뉴딜 분야의 경우에도 경제·사회의 녹색전환 추진을 위한 인프라, 에너지, 녹색산업 분야의 체계적인 인력양성을 위한 의지는 강조하고 있으나, 미래 성장 분야에 대한 세부적인 수요 조사를 통한 부문별 인력양성 규모에 대한 전망이 미흡한 것으로 판단된다. 이러한 문제를 해결하기 위해서는 무엇보다 우선적으로는 중앙과 개별부처, 지방자치단체 간 협업을 통한 디지털 핵심인재 양성을 위한 거버넌스 구축 및 분야별 인력수요 전망 및 수준별 인재양성 모델을 발굴 및 확산하는 노력이 필요하다.

한편 기존 디지털 신기술 분야 인력양성 관련 부처 및 지방자치단체 간 분절적인 정책수립 및 사업의 집행에 따른 유사중복과 사각지대 등 비효율이 발생하고 있는 부분에 대한 확인이 필요하고, 이에 대한 조정과 협업 방안 마련도 고려해야 할 것이다. 디지털·그린 인재 양성에 투입예정인 예산과 함께 매년 집행되는 협업예산에 대한 종합적인 검토를 토대로 개별부처 및 지방자치단체의 디지털 인력 양성사업에 대한 현황분석을 기반으로 필요분야를 선정하고 인력양성 사업에 예산 집중 투입 방안을 고민해야 할 것이다.

정부는 이미 디지털 뉴질 정책에서 고급인재 및 전문인력, 실무인력 양성을 위한 신기술 인력양성 트랙을 구축하고, 기존 산업에 대한 디지털 경제로의 이동 지원을 위한 산업별 융합 인력양성 계획을 제시하고 있다. 이들 사업의 현장성 강화를 위해서는 신기술 분야별·수준별 체계적 미래인력 양성체계 로드맵 구축이 필요한데, 인공지능, 빅데이터, 클라우드, 사물인터넷, 블록체인, 지능형 반도체, 지능형 로봇, 자율주행차, 첨단소재, 스마트헬스, 드론 등 핵심부문을 선정하고 미래 성장 가능 분야에 대한 인력양성 규모 전망을 우선적인 수행이 필요하다.

특히 민간기업, 지자체, 산업별 인적자원개발위원회 및 지역별 인적자원개발위원회, 공공부문 등 협업을 통한 분야별 미래 인재수요 전망 체계 정비 및 인력양성 모델 발굴·확산 방안 마련이 무엇보다 중요할 것이다. 디지털 핵심인력을 양성할 수 있도록 연구자 및 전문가 집단 참여를 확산하고, 이들을 통한 단계적 양성체계를 구축하고, 일정수준 이상의 교육훈련 품질을 보장할 수 있도록 철저하게 검증된 전문가 데이터베이스 및 가이드라인의 제시가 필요할 것이다.

분야별 석·박사급 고급인력 확보를 위해서는 디지털 신기술 핵심 분야 수요조사를 토대로 AI대학원, 국책연구기관, 유관기관 등 협업을 통한 고급인력 양성체계 구축하고, 미래 핵심트랙 고급인재 양성을 위한 분야별 수요조사를 기반으로 국책연구기관과 협업방안을 마련하는 노력과 함께, 정부지원 연구과제에 대한 충분한 검증을 통한 단기·중장기 지원체계 구축을 통한 예산활용의 효용성을 높일 수 있을 것이다.

기업이 필요로 하는 맞춤형 개발자 양성을 위해서는 지역산업별 특성을 고려하는 것이 우선해야 할 것이며, 재직자의 역량향상에 중점을 두고 SW개발·테스트 공간 확보에 중점을 두고 실무인력 양성 및 재직자의 경력이동을 지원해야할 것이다. 기존 산업에 재직하고 있는 근로자에 대한 AI 활용역량을 강화하고, 직무전환 및 이·전직이 필요한 인력에 대해서는 AI 활용 유사산업으로 이·전직할 수 있는 이동경로 제공도 가능할 것이다. 또한 디지털 신기술 분야 플랫폼 비즈니스에 종사하고 있는 인력(gig worker)에 대한 처우개선 및 사회안전망 강화를 위한 노력도 지속되어야 할 것이다.

고용안전망 확충을 위한 선결 과제

2020.08.02.

2010년부터 2019년까지 과거 10년간 일자리 분야 재정지출의 추이를 살펴보면 2009년 이후 10여년 동안 일자리사업 예산은 연평균 8.9%씩 증가한 결과, 11조7000억에서 26조7000억으로 10조 이상 증가했다. 한국고용정보원과 고용노동부의 실태조사를 살펴보면 지방정부도 중앙정부 지원 없이 자체적으로 일자리사업에 연간 3조~4조원씩 투입하고 있다. 2020년 일자리사업은 최저임금 인상에 따른 일자리 안정자금 3조원 투입과 지자체 일자리사업 재정투입 등을 고려하면 30조원에 이를 것으로 추정된다.

2008년 세계금융위기 이후 OECD 주요 국가는 적극적 노동시장 정책에서 공공고용서비스에 대한 재정투자를 늘리고 있으며, 공공고용서비스의 고용효과 또한 높다는 것이 일부 실증적인 연구결과로 밝혀진 바 있다. 고용서비스 분야의 경우 OECD 평균은 0.13%로 직업훈련과 동일한 비중을 차지하고 있으나, 우리나라는 0.04% 수준으로 고용서비스 담당공무원의 인건비를 고려하더라도 3분의1 수준인 것으로 나타나고 있다. 향후 직접일자리사업과 고용장려금사업 등의 구조조정을 통해 공공고용서비스 재정투자를 GDP 대비 0.1% 이상 수준으로 증대하는 방안이 신중하게 검토돼야 할 것이다.

특히 최근 신종 코로나바이러스 감염증으로 인한 고용위기의 여파는 취약계층은 물론 전 국민을 대상으로 한 지속가능한 고용안전망 구축의 필요성을 더욱 부각시키고 있으며, 이에 자영업자 및 취약계층을 중심으로 일차적 고용안전망이라 할 수 있는 전 국민 고용보험 확대의 논의가 본격적으로 이루어지고 있는 시점이다. 이러한 고용안전망 확충을 위해 검토해야 할 핵심 사안은 전 국민이 고용안전망의 틀 안에서 보호받을 수 있는 국민취업지원제도의 도입과 공공고용서비스 인프라 확충이라 할 수 있다.

더구나 코로나19로 인해 취업취약계층이 우선적으로 고용충격에 노출될 가능성이 크다는 것이 실제 현장에서 확인되었으며 이들을 위한 취업지원서비스, 구직을 위한 소득지원이 안전망 강화가 요구되고 있는 상황이다. 고용보험 미가입 자영업자, 특수형태근로종사자 등 고용보험 사각지대의 고용안전망 확충에 대한 국민적 공감대가 증대되고 있으며, 특고 및 예술인의 고용보험 적용을 위한 고용보험법 개정 추진이 논의단계에 있는 만큼, 이들 대상을 우선으로 하여 고용안전망의 포괄범위 확대노력을 지속적으로 기울일 필요가 있다.

특히 국민취업지원제도의 시행으로 고용보험 미가입 근로자 등 취약계층에 대한 실업부조를 지원하여 장기실업자나 고용보험 미가입 특수고용형태 근로자, 플랫폼경제종사자가 정책대상으로 사회보장제도에 진입하는 결과를 가져올 것으로 예상된다.

다만 다양한 고용 형태 근로자에 대한 고용서비스 수요도 함께 증대하기 때문에 기존의 고용서비스도 개편이 불가피할 것으로 보인다.

예산의 효율적인 투입을 위해서는 우선 제도 시행 이후 일정 기간 중점적인 사업평가를 통해 적정 지원 규모 및 수준 검토 후 중장기적 재정투자 방향이 충분히 고려되어 설계돼야 할 것이다. 고용보험 피보험자 규모 증가에 따른 구직급여 신청건수 및 지급액 규모 증가가 필연적임에 따라서 고용안전망 확충을 위한 재정투자 규모 증대 요구 역시 커질 것으로 예상되기 때문이다.

또한 공공고용서비스의 질 향상과 함께 취업취약계층에 대한 맞춤형 상담 및 구직정보 제공과 함께 기업주에 대한 정확한 구인정보를 매칭시키기 위한 재정투자가 필요할 것이다.

고용보험 미가입 노동자 가입을 근원적으로 촉진하고 적용 대상을 확대해나가기 위해서는 소득 파악 체계 구축, 징수체계 개편, 국세청·근로복지공단·건강보험공단 등 유관기관 정보연계 등의 선결과제 해결이 반드시 필요하다. 고용보험 가입기간 등 제도개선이 필요하며 보험요건 계산이 어려울 수 있다. 특히 공연예술분야에서의 수급기간과 요건 등 고용보험 관련 기간 산정의 문제점이 있는데, 특수형태고용종사자의 경우 계약기간의 단기성, 계약이행 불확실성이 높기 때문이다. 이에 독일의 사회예술인보험의 경우 50%는 예술인이, 30%는 기업, 20%는 연방정부가 부담하고 있는데, 이러한 사례를 살펴보더라도 제도의 시행에 앞서 이미 유사한 제도를 시행한 국가들의 사례를 충분히 검토하고, 재정에 대한 중장기 투입가능 여력을 세부적으로 살펴 형평성은 물론 예산집행의 효율성과 효과성도 높여야 할 것이다.

최저임금 결정, 고용시장 상황 충분히 고려해야

2020.07.01.

최저임금 논의가 시작되면서 민주노총은 25.4% 오른 시급 1만770원을 제시했다. 월급으로 환산하면 225만원으로 지난해 1인 가구 생계비가 224만원인 점을 감안하여 사회적 생계소득 보장 역할을 수행하기 위해서는 인상이 불가피하다는 주장이다. 한국노총은 정확한 금액을 제시하지 않고 있으나 코로나19 사태에 따른 저임금 노동자, 영세 자영업자 등의 어려운 상황을 고려하여 1만원 이하 수준에서 인상을 주장하고 있는 상황이다. 반면 사용자측은 인상률 0% 이하를 주장하고 있는데, 구체적인 수치를 제시하고 있지는 않으나 최저임금이 내년에는 올라서는 안된다는 의견을 내세우고 있다. 지난 3년간 최저임금이 33% 올랐으며 코로나19 여파에 따른 경제 타격으로 인해 더 오른다면 감당하기 힘들 것이라는 것이 그 근거이다.

한국은행의 2019년 기업경영분석 보고서에 따르면 영업이익이 금융비용에 못 미치는 회사 비율은 2018년 31.3%에서 지난해 34.1%로 늘어났으며, 적자를 낸 회사 비율도 같은 기간 21.6%에서 23.4%로 증가한 것으로 나타났다. 코로나19의 영향으로 한국 경제의 근간인 제조업도 타격을 받고 있는데, 지난 3월 감소세로 전환된 제조업 종사자 수는 감소폭이 꾸준히 확대되면서 지난달 역대 최대치를 기록하기도 했는데, 상용직 근로자 마저도 14만명이나 줄어들면서 고용시장 위기의 단면을 보여주고 있다. 코로나19의 여파로 상대적으로 임금수준이 낮고 고용이 불안정한 음식·숙박업, 교육서비스업, 예술 여가 관련업 등의 노동자가 일자리를 잃고 전체 평균 임금이 상승하기도 하였다.

내년도 최저임금이 인상될 가능성이 부각되면서 자영업자와 중소기업의 반발이 예상된다. 최저임금의 급격한 인상은 역설적으로 청년, 여성, 고령층 등 취약계층의 일자리 감소와 연관이 있다. 작년도에 도소매업, 음식숙박업, 중소제조업, 자동차부품업체 등 4개 업종별 20여개 사업장을 대상으로 수행된 최저임금 현장실태 조사결과를 살펴보더라도 최저임금 인상의 영향으로 고용이 감소된다는 사례가 확인된 바 있다. 여전히 최저임금은 다양한 사회보장제도, 조세제도 등과 함께 가구 소득에 영향을 미치는 주요한 요인 중에 하나로 활용되고 있으나, 가구 내 다른 소득을 창출하는 구성원을 고려하면 최저임금 미만 노동자가 빈곤층일 확률은 30%로 낮아진다는 최근의 연구도 있다.

2021년도 최저임금의 인상률은 경제성장률과 현 상황을 충분히 고려하여 결정하는 것이 맞을 것으로 판단된다. 최저임금의 인상을 무턱대고 반대하는 것이 아니다. 최저임금은 양극화를 완화하고 지속가능한 성장과 삶의 질을 제고하고 비정규직, 영세사업장 등 사각지대 노동자에 대한 효과적이고 실질적인 생활임금 확보수단이기 때문이다. 그러나 현 글로벌 및 한국경제의 위기 상황을 고려할 때, 코로나19로 약해진 산업기반에 최저임금의 급격한 인상이 동시에 이루어진다면 근근이 버텨내고 있는 자영업자와 중소기업의 줄도산 및 폐업은 늘어날 것이고 청년, 여성, 고령층 등 사회적 취약계층의 일자리는 더욱 줄어들 수밖에 없을 것이다.

노사정 대화를 통해 도출한 고용유지를 위한 정부 역할 및 노사 협력, 기업 살리기 및 산업생태계 보전, 전국민 고용보험 도입 등 사회안전망 확충 등에 대한 합의안이 최저임금 논의에 영향을 미칠 것으로 판단되지만 고용을 보장하는 대신에 임금 인상을 자제한다는 합의에 얼마나 노사정이 책임감 있게 접근할 것인가가 최저임금의 수준을 결정하는 중요한 논의의 쟁점이 될 것으로 보인다. 최저임금의 인상은 임금격차 해소와 고용환경 개선에 대한 국민적인 기대와 열망에서 출발했을 것이다. 그러나 현 시점에서는 최저임금 인상이 사회적, 경제적, 지역적으로 어떠한 영향을 미치고 있는지에 대한 보다 세밀한 검토가 필요하다. 저임금 노동자와 취약계층의 생활안정을 도모하고자 추진되는 정책이 고용시장과 지역사회에서는 어떠한 영향을 미치고 있는지 면밀하게 분석할 필요가 있는 것이다. 또한 한시적인 정부의 자금지원으로는 한계가 있다는 것을 인식하고 사회적 합의를 통한 최저임금 인상을 보완하기 위한 재원마련을 위한 노력에 노사는 함께 동참해야 할 것이다.

코로나19로 인한 고용악화 대비한 공공고용서비스 강화 필요

2020.06.14.

코로나19 여파로 지난달 취업자 수가 글로벌 금융위기 이후 처음으로 3개월 연속 줄었다. 실업자 수와 구직 단념자 수도 큰 규모로 증가하는 등 고용 지표가 극도로 악화되고 있는 상황이다. 통계청 5월 고용동향에 따르면 지난달 취업자 수(2693만 명)는 1년 전보다 39만 2000명 줄었으며, 이는 지난 3월 이후 석 달 연속 감소 추세로 나타나고 있다. 실업자 수(127만8000명)와 실업률(4.5%)도 통계 기준이 바뀐 1999년 이후 역대 최대치를 기록했는데, 공식 실업자에 잠재 구직자를 더한 확장실업률은 14.5%에 이르고, 취업시장이 닫히면서 구직활동을 하지 않는 구직단념자도 57만8000명을 기록하고 있다. 특히 사회적 거리두기가 본격화된 4월부터 휴업, 무급휴직, 계약종료 및 해지 등으로 가구소득 감소 현상이 두드러지는 상황이다.

세계적인 상황을 살펴보더라도 코로나19로 인한 노동시장 상황은 녹녹치 않다. 최근 ILO의 발표를 인용하면 2020년 2분기 전 세계 노동시간은 6.7% 감소할 것으로 예측하고 있으며, 중동지역의 8.1% 500만명, 유럽 7.8% 1200만명, 아시아 태평양 지역은 7.2%인 1억 2500만명의 근로자들에게 영향을 미칠 것으로 예측하고 있다. 이는 선진국과 개발도상국을 중심으로 2008년도 금융위기의 영향을 훨씬 능가할 것으로 예상하고 있으며, 숙박 및 음식 서비스, 제조업, 소매 및 금융 등 모든 부문의 경제활동이 포함될 것으로 보고 있다. 전 세계 인력 33억 명 중에서 81%가 작업장 폐쇄나 코로나 바이러스 감염증의 영향을 받을 것으로 예상하고 있으며, 특히 저임금·저숙련 일자리에 종사하고 있는 근로자들에게는 갑작스런 소득손실이 삶에 치명적인 영향을 줄 것으로 전망하고 있다. 신종 코로나바이러스 감염증으로 전반적인 고용상황이 악화되면서 비정규직이나 파트타임·인턴십 업무에 종사하던 단기 일자리가 상당부문 감소하고 있는 상황이다. 더욱이 신종 코로나 사태가 장기화되면서 상반기 국내기업의 신규인력 채용규모도 줄어들거나 연기되고 있다.

하반기 신종코로나 확산으로 내수 위축, 수출 감소 등 실물경제에 영향을 미치면서 원활한 경제활동이 이루어지지 못함에 따라 기업의 구인수요는 더욱 감소할 것으로 판단된다. 특히 취약계층이나 청년층의 구직수요가 상대적으로 증가하면서 전반적인 고용상황도 더욱 악화될 것으로 보이며, 공공 취업지원 서비스 수요가 증가가 가파르게 증가할 것으로 전망되고 있다. 그러나 실제 현장의 공공고용서비스 기관은 대면서비스 제약 등으로 투입할 수 있는 역량과 인력의 한계에 부딪히고 있는 상황이다. 기존의 고용센터 취업지원서비스 운영체계로는 코로나19로 인해 변화된 사회문제를 해결하는데 한계가 있을 수밖에 없을 것으로 판단되며, 집단상담, 대면상담, 사업장 방문 구인개척 등의 전형적인 취업지원 업무방식을 포스트 코로나 이후 상황에 맞게 전환할 필요가 있는 것이다.

코로나19로 인한 글로벌 경제 위기의 여파가 하반기에는 지금보다 큰 파도로 몰려오면서 대량 실직, 장기 경기침체 등으로 사회적 약자인 취약계층에게 미칠 파장은 더욱 커질 것으로 예상된다. 공공고용서비스 영역은 이러한 미래에 대한 준비를 위해 AI, 비대면 서비스 확산 등 국내외 주요사례를 벤치마킹하여 발빠르게 변화에 대비해야 할 것이다. 비대면 서비스의 확산이 직업상담사 인력의 축소를 의미하지 않는다. AI가 수행할 수 있는 업무 영역에 대한 효율성은 강화하되, 직업상담 전담인력의 전문성을 고려하여 고용서비스 품질을 향상시킬 기회로 생각해야 할 것이다. 구직자 개인별 맞춤형 취업알선에 있어 온라인이나 AI가 해결할 수 있는 부분은 한계가 있을 수밖에 없으며 심층상담이나 경력개발을 위한 전문상담에 대한 수행은 충분한 경력과 자격을 갖춘 인력을 통해서 수행될 수 있는 것이다.

포스트 코로나, 국민취업지원제도 도입, 전국민 고용보험제도 검토 등 공공고용서비스의 중요성이 강조되고 있는 상황에서 IMF이후 가장 어려움을 겪고 있는 취약계층, 청년구직자 등이 고용시장의 한파를 이겨낼 수 있도록 철저한 준비가 필요한 시기임을 인식해야 할 것이다.

이제 코로나19 재확산에 대한 대비가 필요하다

2020.05.12.

이태원 클럽에서 발생한 코로나19 집단 감염으로 힘들게 얻어낸 성과가 위협받고 있는 상황이다. 이들의 집단 감염으로 일일 확진자 수가 다시 두자리 수로 증가했으며, 5월12일 현재 누적 환자 수도 100여명으로 늘어난 상황이다. 이는 지난 6일부터 고강도 사회적 거리두기를 끝내고 생활속 거리두기로 전환한 직후 발생한 집단 감염으로, 코로나19에 대한 대비가 비교적 잘 되고 있다고 인식했던 국민들에게 충격으로 받아들여지고 있다. 고3부터 순차적으로 등교수업을 실시하려던 기존 계획도 학생 감염을 우려하여 20일로 연기되었으며, 고3을 제외한 초중고 등교는 일주일씩 미루어졌다.

아직 3차 감염은 발견하지 못했지만 이미 2차 전파사례가 여럿 발생했고, 전국적으로 확산 조짐이 있어 가능한 환자를 신속하게 찾아내어 지역사회로의 감염을 차단하느냐가 가장 중요한 이슈이다. 다만 문제는 7000여명 중 아직 연락이 되지 않는 이태원 클럽 방문자들이 상당수 있다는 것이다. 정부는 이미 한 달간 클럽 등 유흥시설의 운영을 자제할 것을 권고하고 불가피하게 운영하는 경우 방역수칙을 철저히 준수하도록 행정명령을 시행하였다. 이에 더하여 경기, 서울 등 일부 지자체는 일반음식점 중 감성주점, 콜라텍 등을 포함하여 이미 2차 집합금지 명령을 발령하였다. 이는 유흥시설의 특성상 영업정지 명령과 같은 효과를 낼 것으로 보인다.

한편 코로나19의 확산을 성공적으로 대응하고 있다는 평가를 받고 있는 다른 국가들에서도 잇따라 집단감염의 위험성이 우려되고 있다. 지난달 20일부터 독일은 일정 규모 이하 상점에 대한 영업을 정상화하고, 코로나19로 인한 제한 조치를 점차 완화하고 있는 상황이었다. 전염병이 통제되고 있다고 판단하여 이달 6일부터 단계적 오프라인 수업을 재개하기도 했다. 그러나 독일정부의 봉쇄 조치가 완화된 이후 바이러스 재확산 현상이 뚜렷해지고 있으며, 도축장과 양로원을 중심으로 다시 확진자가 급증하고 있는 상황이다. 중국도 신규 확진자가 지린성, 후베이성에서 발생하는 등 다시 코로나19 감염 공포가 일고 있다.

WHO는 한국에서 발생한 클럽발 재확산에 대해서도 대응 체계를 갖췄다는 평가를 내리고 있으나, 주요 외신들은 성공적인 대응사례로 주목받던 모델이 위협을 받으면서 비중있게 보도하고 있는 상황이다. 특히 대규모 추적, 검사, 치료로 발병을 통제하는 것으로 보였으나 사회적 거리두기 지침을 완화하는 시점에서 유흥업소에서 발생하였다는 점에서 우려를 표명하고 있다. 이처럼 최근 코로나19 재확산은 너무 일찍 제한을 완화하는 것에 대한 위험성의 경고라 할 수 있다.

단기적으로 백신개발이 어렵다면 전 국민을 대상으로 항체 검사를 실시하여 감염자를 찾아내고 이를 통해서 2차 대유행을 대비해야 할 것이다. 그러나 항체가 형성되었다고 해도 코로나19에 대한 방어력 자체를 개인이나 지역사회 시스템이 갖췄다고 보기에는 어렵다. 결국은 예방백신이나 치료제가 개발되어 보급되기 전까지는 개인 및 집단수준의 방역수칙에 대한 철저한 준수가 필요하다. 공공장소에서 마스크 착용을 생활화하고 밀폐된 장소에서 많은 사람들과 접촉하는 것에 다시 주의하는 등 우리 시민들의 자발적인 노력이 필요하다.

현재 상황으로는 코로나19로 인한 글로벌 경제 위기의 여파가 하반기에는 지금보다 큰 파도로 몰려올 수밖에 없을 것이며, 대량 실직, 장기 경기침체 등으로 사회적 약자인 취약계층에게 미칠 파장은 더욱 커질 것이다. 지난 5월11일 국회 계류 중이었던 한국형 실업부조제도인 국민취업지원제도가 환노위에서 통과되고, 고용보험법 개정안이 국회 문턱을 넘게 되면 향후 저소득층 구직자는 구직촉진수당을 예술인은 고용보험 가입을 통해 실업급여를 받을 수 있게 된다.

최근 전국민 고용보험제도가 당정청에서 논의되고 있으나, 이는 국민취업지원제도와는 별개 정책으로 분리되어 수행되야 할 것이다. 특히 의무지출이 지속적으로 증가하는 상황에서 재정건정성을 충분히 고려해야 할 것이며, 시간이 들더라도 제대로 된 제도를 만들기 위해서 사업운영을 위한 섬세하고 구체적인 설계가 필요할 것이다.

신종코로나가 청년고용에 미치는 영향과 과제

2020.04.06.

신종 코로나바이러스 감염증으로 전반적인 고용상황이 악화되면서 비정규직이나 파트타임 업무에 종사하던 청년들은 단기 일자리조차 잃고 있는 상황이다. 특히 신종코로나 사태가 장기화되면서 2020년 상반기 대기업의 신규인력 채용규모도 줄어들거나 연기되고 있으며, 중견·중소기업의 경우에는 상반기에 채용여력 조차 없는 사업장이 급증하고 있는 상황이다. 최근 한 민간 채용업체에서 기업 인사담당자를 대상으로 실시한 채용계획 변화에 대한 설문조사 결과에 따르면 신종코로나 확산 이후에 기업의 74.6%가 예정되어 있었던 채용계획을 미루거나 취소한 것으로 나타났다. 이는 기업 10곳 중 7곳이 채용을 미루거나 취소하고 있다는 것을 의미한다. 특히 신규직원에 대한 채용계획의 취소나 연기는 80.5%에 달하는 것으로 나타나 올해 상반기 취업을 준비하던 청년구직자들에게 직접적인 타격을 주고 있는 것으로 나타났다.

기업들이 채용을 미루거나 취소하는 가장 큰 이유는 사회적 거리두기의 일환으로 신종코로나 확산을 막기 위해서라는 응답이 높은 수치를 차지하고 있었으나, 실제 수출 및 내수 등 경제적인 여파에 의해서 시장상황 악화와 매출하락 등 실제로 사업부진을 겪고 있기 때문이라는 응답 비중이 상당이 높게 나타나고 있다. 이는 신종코로나로 글로벌 경기침체 장기화에 따른 미국, 유럽, 중국 등 국내 수출기업 및 해외 사업장에도 영향을 미치고 있는 것으로 판단되며, 내수불황에 따른 중소기업의 채용여력도 줄어들 수밖에 없는 상황으로 이어지고 있는 현상으로 판단된다.

이에 경기침체가 장기화될 것으로 판단되며 이미 중소기업의 청년 신규채용이 급격히 위축되고 있다. 이에 단기적인 정부의 청년 및 중소기업에 대한 지원강화는 불가피할 것으로 보인다. 청년층에 대한 청년구직활동지원금 등 구직단계에서의 지원을 강화하고, 청년추가고용장려금 등 기업의 채용단계의 지원은 고용상황 악화 시 한시적으로 확대하되 중장기적으로 축소하는 것이 바람직할 것으로 판단된다. 특히 청년추가고용장려금 대상기업에 대한 지원기간을 한시적으로 연장하되 규모별, 업종별, 지역별 차등화된 한시적인 지원확대가 필요할 것이다. 청년내일채움공제 등 근속단계의 청년에 대한 지원은 신종코로나 등 현 경제상황을 고려할 때, 한시적인 지원 강화는 가능하겠으나 중장기적으로는 축소해나가는 방향이 바람직할 것으로 판단된다. 다만 현 국가재정 상황에서도 일자리예산 중 고용장려금이 차지하는 비중이 상당히 높은 상황으로 청년내일채움공제에 투입되는 예산이 증액될 경우 다른 고용정책에 투입되는 예산이 삭감될 수밖에 없는 중장기적인 예산운용도 고려해야 할 것이다.

최근 IT업계를 중심으로 온라인 채용설명회와 영상면접, 인공지능(AI)을 활용한 비대면 채용에 대한 관심이 높아지면서 이를 활용하고자 하는 중소기업의 관심도 높아지고 있는 상황이다. 신종코로나가 확산되고 있는 상황에서 한 명이라도 감염되면 작업장을 폐쇄해야하는 구인기업의 입장에서는 직접 대변 접촉을 하지 않고도 면접을 볼 수 있어 안전하기 때문에 선호한다는 응답이 있으며, 실제 면접장에서 보다 긴장감이 덜해 실수를 줄일 수 있으며, 면접관의 선입견과 편견을 배제하고 평가를 받을 수 있고, 면접복장 구입 및 교통비 등 면접을 위한 비용을 절감할 수 있다는 구직자들의 의견 등이 있다. 이를 통해 기업 채용이 줄어들고 있는 상황에서 재계 및 정부의 비대면 채용지원을 통해 청년에게는 일자리를 제공하고, 중소기업에는 신종코로나 감염우려를 줄이고 필요인력에 대한 안전한 채용프로세스를 지원할 수 있는 체계를 구축할 수 있을 것이다.

청년층의 노동시장 진입지연, 잦은 이직 추세는 지속될 것으로 전망되며 노동시장 여건 외에도 저성장 및 저고용 기조, 내수시장 위축, 대내외 불확실성 증대 등 정책 실효성 발현을 저해하는 악화기제가 강화되고 있으므로 이에 대한 중장기적 해결책 마련이 필요할 것으로 판단된다. 특히 향후 2~3년간은 대내외 여건을 고려할 때, 청년일자리 창출을 위한 재정투자가 증대될 것으로 예상되므로 합리적 예산조정을 통한 청년고용의 양적확충과 함께 일자리의 질 및 전반적 삶의 여건 개선을 위한 중장기 혁신방안이 필요할 것으로 판단된다. 이에 고용, 복지, 주택, 금융 등 원스톱지원을 위한 통합청년고용서비스 인프라 구축도 검토할 필요가 있다.

코로나 바이러스에는 진보도 보수도 없다

2020.02.26.

코로나19 바이러스에는 진보도 보수도 없다. 감염증 확산에 고통 받는 국민과 시민이 있을 뿐이다. 그러나 정치권에서는 코로나19 바이러스 확산이 총선에 어떠한 영향을 미치는지에 대해 더 관심을 가지고 있는 모양새다. 한 연예인이 공영방송에서 마스크가 부족하다고 발언했다가 문자폭탄에 시달리고 있다는 언론기사가 우리의 현실을 여실히 보여주고 있다. 마스크 가격이 올랐다는 그의 발언은 정치적인 발언도, 소신발언도 아니고, 시민들 모두가 현재 느끼고 있는 현실을 이야기한 것뿐이다. KF94 마스크도 아닌 일반 종이 마스크도 한 박스 50개가 9000원에 거래되던 것이 6만원에 거래되고 있는 것은 엄연한 현실이고, 필자도 동네약국에서 면마스크를 겨우 구매해 빨아서 번갈아가며 사용하고 있는 상황이다.

개인적인 입장에서 왜 미리 많이 사두지 않았을까 후회하고 있는 시민들의 마음이 충분히 이해되고도 또 이해가는 마음이다. 시민들의 입장에서는 마스크 구매가 어려운 상황에서 방송에 나오는 정치인들이나 길거리 시민들이 착용한 마스크를 바라보면 충분히 느낄 수 있는 감정인 것이다. 공영쇼핑에서 시작된 반짝 소량 판매로는 충분치 않다. 정부는 지금이라도 공급물량을 최대한 확보하고 안정적으로 수급할 구체적인 방안 마련을 통해 국민들의 우려를 불식시킬 수 있는 노력이 필요하다.

신천지 대구교회에서 500명이 넘는 확진자가 쏟아진데 이어 신천지 교인들에 의한 2차 감염이 서울, 경기, 강원, 충북, 경남, 부산 등 전국적으로 나타나고 있다. 신천지발 코로나19 확산이 본격화 되고 있는 상황에서 신천지 대구교회를 다녀간 교인 명단 확보와 격리 조치가 너무 늦은 것이 아니냐는 지적이 있다. 신천지라는 종교단체를 중심으로 코로나19 바이러스가 확산되고 있는 것은 명백한 사실이다. 이를 종교 탄압의 관점에서 바라보아서는 안 될 것이며, 적극적인 협조를 통해 더 이상 바이러스가 지역사회로 확산되는 것을 막기 위해 총력을 다해야 한다. 신천지 측은 예배와 전도 활동 등을 모두 중단한다고 발표했으나, 여전히 공개되지 않은 장소에서 신자들에 대한 교육이 진행되는 것이 아니냐는 우려도 나오고 있다. 시민들의 안전을 위해서는 필요 시 공권력 투입도 불사하겠다는 지자체장들의 목소리를 귀 기울여야 할 것이다.

국가와 지역 경제에 미치는 타격과 영향도 충분히 대비해야 할 것이다. 이스라엘과 요르단, 바레인 등 이미 많은 국가들이 한국인들에 대한 입국을 막고 있는 상황이며, 베트남, 대만 등 한국인에 대한 입국 절차와 검역을 강화한 나라도 기하급수적으로 증가하고 있다. 중국인에 대한 입국금지 조치의 경우에도 신속하게 대응하지 못했다는 국민들의 원성이 큰 상황에서 코로나19의 발원지인 중국에 속한 홍콩조차도 한국인의 입국을 불허하고 있는 것이 현실인 것이다. 동맹국 간의 관계를 고려하여 눈치만 볼 것이 아니라 우리 시민들의 안전과 지역사회의 확산을 막기 위한 결단도 때로는 필요한 것이다.

한편 여야 정치인들에게 감염병 방지를 위해 어떠한 대응을 하고 있는지 묻고 싶다. 초기 정부의 미온적인 대응을 비판하는 것에 그칠 것이 아니라 시민들이 체감할 수 있는 보다 현실적인 대안을 내놓아야 할 것이다. 특히 정치인들은 코로나19 바이러스를 정쟁을 위한 수단으로 절대 사용하지 말아야 한다. 다시 한 번 강조하지만 코로나19 바이러스에는 진보나 보수의 색채가 없다. SNS에서 일부 누리꾼들의 편가르기가 상당히 불쾌하게 느껴지는 것이 필자만의 생각인가 묻고 싶다. 국가적 재난상황에서 더 이상의 국론분열은 도움이 되지 않을 것이다. 현재 코로나19 확산에 따라 지역경제의 타격과 시민들이 처한 안전 위협 등 국내외 상황을 직시하고 이러한 위기 상황을 어떻게 슬기롭게 해결해야 할지에 대해 우리 모두가 힘을 모아야할 시기인 것이다.

신종코로나가 지역 경제에 미치는 영향과 과제

2020.02.05.

신종 코로나바이러스 확산으로 국내외 소비 위축 등 실물경제 타격이 현실화하면서 한국 경제성장률 등 경제지표 전망에 적색불이 켜졌다. 주요 증권사들은 일제히 신종코로나 확산으로 인해 가계와 외국인의 국내 소비가 위축되고 중국을 포함한 주요국가의 수요 감소에 따라 수출 역시 위축될 것으로 예상하고 있다. 1분기 성장률은 1.6%에 그쳤다. 지속적인 확산에 따른 영향을 받을 경우에는 2020년 한국 경제성장률이 2.0%에도 미달할 가능성이 있다고 발표하고 있다.

정부는 최근 신종코로나 확산에 따른 경제영향 파급 경로를 분석하고, 이로 인한 방한 관광객 감소, 내수 위축, 중국 경기 위축에 따른 수출 감소 등 실물경제에 미치는 영향에 대해 체크 리스트를 만들어 지표로 관리하겠다고 발표했다. 하지만 기업과 국민들은 이러한 조치에 대한 실물 경제활동 회복 실효성에 대해서 의구심을 갖고 있는 것이 현실이다.

한편 신종코로나로 인해 외식과 외출을 꺼리는 분위기가 요식업계에도 확산되면서 직접적으로 매출 타격을 입고 있다. 실제 지역기업 및 시민들은 회식 등 단체모임을 취소하고 있으며, 점심식사도 도시락을 싸와서 먹거나 확진자가 다녀간 식당 및 대형마트, 영화관 등은 임시 휴업 간판을 내달고 있다.

민간 경제연구소들도 신종코로나가 한국경제에 미칠 충격이 지난 사스 때보다 훨씬 더 클 것이란 전망을 잇달아 내놓고 있다. 수출과 내수, 양쪽 모두 타격을 받을 수밖에 없기 때문이다. 신종코로나로 인한 피해는 중국 현지 진출기업에 국한되지 않고 해외 수출기업, 외국인 투자기업, 중소기업뿐만 아니라 음식·숙박업, 문화관광, 소상공인 등 내수 및 지역경제에도 등 부정적 영향을 미치고 있다.

이미 수출은 신종코로나 발병 이전부터 14개월째 줄어들고 있는 상황이고, 중국시장이 한국경제 수출의 4분의 1을 차지하고 있는 상황에서 기업과 정부의 대책마련을 위한 긴밀한 공조가 필요한 상황이다. 특히 중국 현지 공장들이 가동을 중단하거나 늦추면서 발생하게 되는 피해를 고스란히 국내 기업들이 받고 있는 상황이다.

현대차 중국공장에서도 신종코로나로 와이어링을 공급하는 협력업체가 휴업을 연장하면서 와이어링 재고가 일주일 이내에 바닥나는 상황으로, 부품 수급망에 대한 다양한 경로를 미리 준비하지 못해서 발생하는 손실도 적지 않은 상황이다. 특히 주요 차종의 핵심부품에 대한 국내생산을 통한 해외공장의 유턴전략을 통해 상시 위기 대응체계를 구축해야 한다는 문제점도 이미 제기된 상황이다. 삼성전자의 경우에도 중국 최대 플래그십 매장인 상해 난징동루 애플스토어 맞은편에 위치하고 있는 중국 최대 매장의 영업을 중단하고, 장쑤성 쑤저우 소재 가전 공장 역시 가동을 중단한 상황이다. 중국 난징에 위치한 LG디스플레이 모듈 공장도 결국 가동을 중단한 상황이다. 국내에서도 대다수의 소상공인이 활용하고 있는 우아한형제들 등 배달앱 프랜차이즈 업계에 라이더 노동조합에서는 중국인 밀집지역에 대해서는 배달 금지를 추진하라는 공문을 사측에 전달한 상황이다.

단기간에 지역경제가 회복될 것이라는 기대를 하기에는 이미 전 세계적으로 확산되고 있는 상황이다. 지금이라도 기업과 정부, 지자체는 긴밀한 협력체계를 구축하여 경제 불안 확산을 막기 위한 종합적인 대책을 마련해야 한다. 수출지원은 물론 내수 활성화를 위한 체계적인 대응이 필요하다. 또한 중장기적 관점에서 기업의 지나친 중국 의존도를 줄여나가야 할 것이다. 바이러스 방역과 확산을 막기 위한 공동의 노력과 위기 극복을 위한 성숙한 시민의식의 발현도 필요한 시점이라 하겠다.

새해는 밝았으나 경제전망 여전히 밝지 않다

2020.01.01.

2020년 경자년 새해가 밝았다. 그러나 세계경제와 지역경제는 회복의 기미를 보이지 않고 있다. 2020년 하반기 경제 회복을 기대하며 국내 경기흐름이 현재 바닥을 다져가는 모습으로 일부 국책연구기관은 해석하기도 하나, 시장에는 이미 디플레이션 우려가 반영되어 있으며 증시도 거의 바닥에 가까운 상황이다. 특히 미국 중국 간 무역분쟁의 여파, EU와의 무역 전쟁, 북핵 문제 등으로 글로벌 금융위기 이후 가장 부진한 시기를 보내고 있다.

이를 반영하듯이 지난 연말 동남권 금융연구소에서 조사한 2019년 경제키워드는 부동산, 자동차, 일자리, 일본, 조선 등으로 발표했으며, 2020년은 부동산, 조선업, 신공항, 일자리, 경기회복 등으로 나타났다. 이외에도 10대 키워드로 자동차, 미중 무역분쟁, 스마트, 친환경, 한일관계 등이 포함되어 있다. 이는 서울지역 아파트 가격급등으로 부동산 시장 전반에 대한 관심이 증가한 것으로 보이며, 자동차, 조선 등 전통적인 제조업의 활력 약화에 따른 3040세대 민간부문의 지역 일자리 감소에 따른 것으로 판단된다.

2020년 세계경제 성장률은 올해보다 회복된 3.4%로 전망하고 있으나, 이는 기존의 3.6% 전망에서 인하된 수치로 미중 무역분쟁의 재격화, 북미관계를 포함한 국제적으로 지정학적 긴장이 확산된 결과가 반영된 것으로 볼 수 있다. IMF도 2020년 세계경제를 위태로운 회복(precarious recovery)이라고 진단하고 하향조정 여지를 열어 두고 있는 상황이다. 특히 작년에 이어 올해도 저성장 기조와 성장둔화는 전 세계적으로 동조화 현상이 일어날 것으로 보이며, 이는 경제적인 요인은 물론 미중관계, 북미관계 등 정치적인 요인에 영향을 받아 여건이 개선되기를 희망하기는 어려울 것으로 판단된다.

2020년 울산을 포함한 동남권의 제조업과 서비스업 전망은 모두 보합 수준을 나타내고 있는데, 수요동향을 살펴보더라도 소비, 설비, 건설 투자가 전년 대비 소폭 감소할 것으로 판단된다. 업종별로 조선업은 대형 조선업체들의 LNG 운반선, VLCC(초대형 원유운반선)을 중심으로 수주물량이 늘어나고, 중소업체의 특수선 건조, 환경규제 강화에 대응한 선박수리 등에 힘입어 친환경 선박에 대한 수요가 증가할 것으로 보이나, 전반적으로 선박가격 회복 지연 등으로 수주가 크게 개선을 기대하기는 어려울 전망이다.

자동차산업의 경우에는 북미지역 SUV 수출 및 유럽지역 친환경차 수요가 증가하면서 호조를 보이고 있으나, 내수 회복 지연과 국내 자동차생산 업체의 생산조정으로 실제 시장에는 부정적인 신호를 주고 있다. 특히 자동차부품산업의 경우 동남아지역에 대한 투자 증가로 수출이 소폭 상승할 것으로 보이나, 중국에 대한 설비투자 회복의 불확실성으로 부품 수출 부진이 당분간 이어질 것으로 보인다. 이로 인해 국내 완성차의 생산 및 내수 판매 부진에 따른 어려움을 겪을 것으로 보인다.

종합하면 2020년 경자년 국내외 경제상황 및 고용환경의 개선도 쉽지 않을 것으로 전망된다. 특히 울산지역은 자동차, 조선 등 주력

산업의 위기가 지속되면서 비교적 양질의 일자리로 분류되던 제조업 분야의 일자리는 계속 줄어들 것으로 판단된다. 이는 전후방 연계효과가 크고 취업유발계수가 상대적으로 높은 원청의 생산 및 수출 감소로 이어져 중견·중소기업과 하청업체의 고용창출 등 신규인력 채용에도 어려움을 겪을 것으로 판단된다. 다만 정부주도의 공공부문의 일자리는 확대는 2020년에도 지속될 것으로 보이며, 국내경기 하락세와 고용안정성 및 일과 삶의 질을 중요시하는 청년들의 특성을 고려할 때, 공공부문의 일자리를 준비하는 공시족의 숫자는 계속 늘어날 것으로 보인다.

그러나 무엇보다도 명심해야할 사실은 일자리는 민간부문에서 확대되어야 하며 공공부문 일자리는 마중물 역할에 그쳐야 한다는 것이다. 사회 전반에서 기업의 투자가 늘어나고 일자리가 창출될 수 있는 환경을 조성하고자 하는 노력이 필요하며, 국책은행에서도 성장제약 요인으로 언급한 노동시장 이중구조 개선과 노동유연성 확보라는 두 가지 측면을 모두 충족하기 위한 노사 주체 간의 진정성 있는 대화가 필요한 시점이다. 시간과 정성을 들이지 않고 얻을 수 있는 결실이 없다는 것을 명심하고, 더 지체하지 말고 우리 앞에 놓여진 난제들을 실타래 풀어내듯 한 올 한 올 풀어내야 할 것이다.

2020년 일자리분야 예산과 정책환경 분석

2019.12.08.

2020년 정부의 일자리사업 예산안은 25조8000억원으로 전년 21조 2000억원 대비 4조5000억원 증액되었다. 대외경제 악화 등 고용상황 불확실성 증가에 적극 대응하기 위해 국민취업지원제도를 도입하고, 구직급여 보장성 강화, 직업훈련·고용서비스 예산 등이 21.3% 확대된 결과이다. 정부 지출예산안 513조5000억원에서 일자리사업 예산이 차지하는 비중도 5.0%로 매년 증가 추세에 있는데, 규모 및 총지출 내 비중은 지속적으로 증가하고 있는 상황이다. 특히 실업소득 관련 예산지출은 10조3600억원을 넘어설 전망이며, 청년내일채움공제 및 중소기업채용장려금의 증가로 고용장려금도 6조6000억원에 이를 전망이다. 반면 직업훈련 분야의 예산안은 2조3000억원 수준으로 2019년 1조9600억원 대비 다소 증가하였으며, 고용서비스 분야 예산안은 2020년 1조2000억원 수준에 이르고 있으나, 직업훈련과 고용서비스를 강화를 요구하는 OECD 권고사항에는 여전히 충분치 못한 수준이다.

2020년의 정부의 고용정책은 적극적 노동시장정책, 고용안전망 확충, 취약계층 맞춤형 지원이라는 3개의 큰 틀에서 제시하고 있는데, 적극적 노동시장정책의 일환으로 4차 산업혁명에 대비하여 기업·산업계 수요를 반영한 재직자·실업자 직업훈련을 확대하고 협약 중소기업의 신산업분야 직무훈련 수요에 대해 대기업 공동훈련센터를 활용한 청년 채용예정자 훈련을 강화할 것으로 발표하고 있다. 특히 재직자 및 구직자 내일배움카드를 국민내일배움카드로 통합·개편하여 생애주기별 직업훈련과 4차 산업혁명 분야에 대한 직무역량 강화에 초점을 두겠다고 발표하였다.

고용안전망 확충의 일환으로 그간 고용보험 사각지대에 있던 구직자 등을 포괄하는 국민취업지원제도를 도입할 예정이며, 구직급여의 보장성 강화를 위해 지급액을 10%p 인상하고, 지급기간을 30일 연장했다. 고용서비스 강화를 위해서 고용센터 분소를 설치하고 심리·집단상담 프로그램 확대 등 국민취업지원제도 도입에 따른 수요 증가를 뒷받침할 예정이다. 또한 취약계층에 대한 맞춤형 지원으로 돌봄·안전 등 수요가 증가하는 분야에 대한 사회서비스 일자리를 지속적으로 확대하여 2022년까지 34만개를 목표로 하고 있다. 한편 생애주기별 지원을 통해 청년·신중년·노인 등 연령별 일자리 애로 해소를 지속적으로 지원할 방안이다. 특히 여성의 사회진출이 증가하는 시점에서 일하는 여성에 대한 출산·육아 지원을 강화하고, 장애 연령별·유형별 애로사항을 해소하고 직업능력 개발 지원을 강화한다고 발표했다.

그러나 이러한 적극적인 노동시장 정책과 고용안정망 확충을 위해서는 우선 일자리 예산산업의 형평성, 효과성, 효율성을 철저하게 분석하고 사업목적에 맞게 예산집행이 수반되어야 할 것이다. 우선 형평성 측면에서는 취약계층 지원 확대 및 고용 사각지대 해소를 위한 노력을 통해 수직적형평성을 향상시켰다고 볼 수 있으나, 한정된 예산으로 동일한 자격의 지급대상에게 혜택이 주어질 수 있는 수평적 형평성은 여전히 낮은 것으로 판단되며, 이에 대한 보완책 마련이 필요할 것이다.

효과성 측면에서는 목적 대상자인 근로자, 구직자, 사업주에게 직접 제공될 수 있도록 제공된 측면에서 목표의 양적 달성도는 높으나 일자리 질의 개선 측면에서는 여전히 부족하다고 하겠다. 특히 고용장려금 지출 확대에 따른 효과성 제고 및 사중손실을 줄이는 방안에 대해서는 중장기적 관점에서 마련하는 것이 필요하다.

마지막으로 효율성 측면에서는 한정된 예산을 고려하여 성과기반 사업관리를 강화하고 핵심지표와 최소 성과기준을 설정하여 미달성 시 사업을 폐지하거나 강도 높은 사업 재설계를 추진하는 노력이 필요하다. 인구구조 변화에 따른 취업자 증감은 주로 구조적인 요인에서 기인하기 때문에 정부정책으로 단기적인 개선은 어려울 수 있다. 이에 인구 및 생산가능인구 증가율 둔화에 따른 급격한 취업자 증감의 축소를 완화하기 위해서 정부는 산업 및 지역 맞춤형 노동시장 정책을 통해 고용탄력성을 높이기 위한 정책 수립이 필요하다.

인구절벽시대와 기업의 인사관리 변화 필요성

2019.11.06.

인구절벽이라는 용어는 2015년 경제학자 해리 덴트가 제시한 개념으로 15세에서 64세 사이의 생산가능인구가 급격하게 줄어드는 현상을 말한다. 그가 인구절벽의 예로 제시한 나라가 한국이다. 실제 베이비붐 세대의 은퇴와 생산가능인구의 급격한 감소로 인구절벽에 직면할 것이라는 위기감이 현실화 되고 있다. 우리나라는 이미 1998년과 2017년에 고령화사회와 고령사회에 진입했으며, 2025년에는 초고령사회에 진입할 것으로 예상되고 있다. 이러한 생산가능인구의 감소는 내수시장의 소비를 감소시키고, 기업의 매출하락 및 지속적인 경쟁력에도 영향을 미치게 된다. 저출산·고령화가 급속히 진행되면서 이러한 인구절벽의 도래와 그 충격에 대한 경고가 발생하고 있으나 우리 사회의 대응은 미흡한 것이 현실이다.

생산가능인구 증가율을 살펴보면 2011년(1.2%)을 정점으로 점차 낮아져 2019년에는 음의 증가율(0.1%)로 전환되었으며, 그 이후 빠른 속도로 감소하고 있다. 특히 생산가능인구 감소가 빠르게 진행되면서 동시에 인구비중의 변화, 인구고령화도 가속화되어 노동공급 축소의 실질적 효과가 더 크게 나타나고 있다. 세부적으로 살펴보면 45세 미만 인구는 지속적으로 감소하는 반면 45세 이상 인구는 빠른 속도로 증가하면서 45~49세를 정점으로 역U형태로 나타나고 있다. 연령대별 고용률을 고려하면 현재의 인구고령화 양상은 점점 더 취업자 증감을 축소시킬 것으로 판단된다.

최근 경제성장률이 둔화됨에 따라 한국경제 전체의 노동수요가 감소하면서 취업자 증감이 축소될 가능성이 높다. 이에 따라 2020년 이후 고용시장 위축이 불가피할 것으로 예상된다. 실질 국내총생산 증가율은 1981~1990년에는 9.9%, 1991~2000년에는 7.0%, 2001~2010년에는 4.4%, 2011~2018년에는 3.0%로 점차 감소추세이다. 이러한 경제성장률 둔화는 주로 총요소생산성의 증가세 둔화에 의해 발생되고 있다. 2020년 이후에는 경제성장률이 연평균 1.7~2.4%를 기록할 것으로 전망되고 있으며, 과거 수준으로의 반등은 어려울 것으로 보인다.

경제성장률이 1%p 변할 때 취업자 증감이 얼마나 변하는지를 나타내는 지표인 고용탄력성 수치를 살펴보더라도 2002년 신용카드 사태와 2008년 글로벌 금융위기의 여파로 취업자 증가율이 감소한 2003년, 2009년 고용탄력성 수치가 하락한 이후, 2018년도 이후에는 비교적 낮은 수치를 이어가고 있으며, 최근 이러한 하락치가 증가하고 있는 상황이다.

이러한 생산가능인구 구조의 변화로 기업에서 발생될 가능성이 있는 문제점은 너무나도 많다. 승진적체로 인한 중간관리자층의 비대화와 이들의 생산성 저하를 막고 업무몰입도를 높일 수 있는 방안의 수립도 중요한 과제가 될 수 있다. 경영환경의 불확실성이 강화되고 장기 저성장 시대에 접어든 시점에서 기업은 과거의 관리자를 활용한 통제와 관리시스템으로는 부가가치를 향상시키기 어려울 것이다. 청년층의 인구가 급격하게 줄어들다 보니 입직단계에서부터 우수인력을 확보하고자 하는 기업의 경쟁이 치열해질 수밖에 없을 것으로 보인다. 특히 이러한 우수인력 확보경쟁에서 승리하지 못한다면 기업은 지속가능한 핵심역량을 확보하기 어렵고 중장기적인 성장동력도 약화될 수밖에 없을 것이다. 한편 역량있는 경력직 근로자에게 더 나은 업무조건이 있다면 언제든지 이직할 수 있는 유연한 노동시장 환경이 제공될 수 있다. 인구절벽 상황에서 인재를 구하기 어렵기 때문에 분야별 고숙련 근로자에 대한 인재확보 전쟁이 발생할 가능성이 높기 때문이다.

최근 2019년 세계경제포럼에서 발표한 국가경쟁력 평가에서도 우리나라는 노동시장(51위), 노사협력(130위), 고용해고관행(102위), 임금결정 유연성(84위) 등에서 하위권을 면치 못하고 있다. 여전히 노사간 사회적 합의는 진전이 없으며 중소기업을 위한 대기업의 양보도 없다. 임금체계 역시 직무급이나 직능급의 진전없이 무늬만 호봉제를 고수하고 있다. 미래 고용시장에서 경쟁력 확보를 위해서는 무엇보다도 생산성 향상을 위한 노사 공동의 노력이 필요하다. 노사문제는 더 이상 정치적 사안으로 이용되어서는 안되며 경제적 사안이라는 인식하에 노사주체가 스스로 해법을 찾아내야 한다.

2020년 한국경제 전망과 위기의 그림자

2019.10.06.

최근 몇 달간 국민과 정치권의 관심사는 한국 경제의 미래에 대한 걱정보다는 '조국사태'에 집중되어 있다. 더욱이 2017년 국민들이 함께 들었던 촛불은 보수와 진보 간 법무부장관 퇴진과 사법개혁 추진이라는 정치적 논리로 변질되어 가고 있는 실정이다. 이번 '조국사태'는 진보와 보수, 여야를 넘어 국민들이 체감하는 우리사회의 공정성과 정의의 문제이지 정치진영 간의 논리로 국민이 양분되어 벌일 논쟁이 아닌 것이다. 특히 작금의 한국 경제를 고려했을 때 국론이 이러한 흑백논리로 분열되어 정치적 논쟁에 허비할 시기가 아니다. 정부의 확장재정에도 불구하고 민간부문인 기업의 설비투자와 일자리 창출은 여전히 지지부진한 상황이고 가계소비도 극심한 침체 국면에 놓여있다. 최근에는 수입물가 하락 및 내수 불황 등으로 인한 물가 상승 압력이 약화되면서 디플레이션 가능성까지 제기되고 있는 등 현재 국내외 경제상황을 직시해야 할 필요가 있다.

세계 경제를 먼저 살펴보더라도 일부 신흥국가의 경기회복만 있을 뿐 미국 등 유럽 선진국의 경기 둔화로 인해 밝지 않을 전망이다. 여전히 미국과 중국의 무역분쟁의 영향이 제조업 경기 및 투자 부진으로 이어지고 있으며, 최근 글로벌 제조업 경기 부진과 함께 서비스업의 경기침체도 우려되고 있다. 미국 공급관리협회가 최근 발표한 9월 서비스업 구매관리자지수(PMI)는 52.6으로 전월 56.4보다 큰 폭

하락했는데, 이는 2016년 8월 이후 3년여만에 최저 수준이다. PMI는 기업의 구매 책임자들을 대상으로 경기 동향을 측정하는 지표로, 50보다 높으면 확장, 낮으면 수축을 의미한다. 유로존의 9월 서비스업 PMI도 전월 53.5에서 51.6으로 떨어졌다. 제조업과 서비스업의 전반적인 부진으로 유럽 경제의 주요 축인 독일의 9월 PMI는 전월 51.7에서 48.5로 하락했는데 2013년 4월 이후 처음으로 50선이 붕괴된 모양새이다. 경기하강 신호가 제조업에서 서비스업으로 번지고 있는 것이다.

그럼 한국 경제 전망은 어떠한가? 민간 경제연구원의 최근 전망을 살펴보면 2019년 하반기 및 2020년 경제성장률은 2008년 글로벌 금융위기 이후 최저 수준에 머물 것으로 예상하고 있다. 세계 경제의 경기 둔화 우려 및 무역분쟁 등 불확실성 확대에 따른 소비심리 악화가 한국 경제에도 영향을 미치게 될 것이며, 설비투자와 건설투자도 감소세가 이어질 것으로 예측하고 있다. 일자리 부분의 경우 정부의 공공부문에 대한 일자리 확대 정책으로 사회서비스 분야의 취업자수가 증가하면서 전체 신규 취업자수는 증가할 것으로 예상되나, 제조업 구조조정 등으로 고용시장이 위축되고 고용의 질 개선 또한 제한적일 것으로 보인다. 특히 각종규제와 시장 진입장벽의 완화와 경제 전반의 구조개혁 없이는 일본의 잃어버린 20년을 따라갈 수도 있는 것이다.

단기적인 측면에서 정부의 확장재정은 불가피할 것으로 보인다. 현재와 같은 디플레이션과 저금리 상황에서는 정부의 재정지출에 기댈 수밖에 없을 것으로 판단된다. 다만 재정투입에 있어서 일회성 복지성 지출보다는 중장기 투자형 지출을 늘려야 할 것이며, 숫자에 기반한 양적인 성장에 대한 집중보다는 대기업과 강소기업, 네트워크 기업 등의 일자리 창출과 연계될 수 있어야 할 것이다. 즉 중장기적 측면에서 양질의 일자리 확대를 위해서는 민간부문의 지속적인 국내 투자가 창출되어야 하며 이로 인해서 가계소득 증가로 인한 실질구매력이 늘어날 수 있을 것이다.

정부는 고용성과와 연동해 일자리사업을 재정비하고 이에 대한 기준을 마련해 예산편성을 연계해야 할 것이며, 일자리사업의 유형별, 대상별 재정투자가 조정되어 필요부분에 예산이 집중적으로 활용될 수 있도록 효율성을 높일 필요가 있다. 장기적인 측면에서 채용장려금이나 고용보조금은 노동시장의 사중손실을 유발할 수도 있다는 점을 충분히 고려하고 순일자리 창출 중심의 장려금 지급 노력을 강화할 필요가 있다. 취약계층 지원 확대 및 고용 사각지대 해소를 위한 수직적 형평성은 개선되고 있으나, 한정된 예산으로 모든 사업대상자에게 혜택이 돌아가고 있지 못하는 수평적 형평성이 지속적으로 지적되고 있는 시점에서 일자리 정책을 수립하고 예산을 집행하는데 있어 보다 신중하게 결정을 내려야 할 것이다.

4차 산업혁명과 노동시장 변화에 대한 대응

2019.09.01.

4차 산업혁명은 장기적으로 속도, 범위, 체제에 대한 선형적인 변화가 아니라 기술, 사회, 문화적으로 전반적인 변화를 촉진시키고 고용시장에 차원이 다른 지각 변동을 일으킬 수 있을 것으로 보인다. 인공지능과 로봇공학, 빅데이터, 사물인터넷, 자율주행차, 3D프린팅, 나노기술, 생명공학, 재료공학, 에너지 저장기술 등 다양한 첨단기술이 주도하고 이에 따른 서비스 혁신도 불가피할 것으로 예측된다. 인간을 모방한 감각 기능과 재능이 탑재된 진보된 로봇이 다양한 수작업을 수행하고, 이는 산업과 직업에 영향을 주고 결국 근로의 유형을 변경할 것이다. 이러한 신기술의 등장과 기존 산업 간의 융합은 새로운 산업 생태계를 만들고, 직업에도 많은 변화를 일으킬 것이다.

특히 노동시장에 가져올 변화 중 하나는 신직업이 생겨나고 기존의 직업이 사라지게 되는 현상이다. 신기술의 개발과 진보는 제품과 서비스로 구현되어 새로운 일자리 창출을 견인하기도 하는데, 신기술은 전통적인 제조업뿐만 아니라 문화, 농업, 건설 등 타산업과 연계되어 일자리의 확대 및 재생산을 촉진할 수 있다. 반면 이러한 혁신적인 기술은 기존의 업무를 대체하여 일자리를 감소시키고 일부 직업에 대한 소멸을 이끌기도 한다.

기술진보에 따른 직업세계의 변화는 직종의 변화보다는 직무의 변화가 클 것으로 예상된다. 물론 직무 기술의 대체가 단기간 일자리 감소에 영향을 미치겠지만, 직업 자체가 사라지거나 해당 직업의 일자리가 급격히 사라지는 일은 최근 우려와 같이 그렇게 대량으로 급속히 발생하지는 않을 것으로 미래 직업전문가들은 예측한다. 직업 자체가 소멸하기 위해서는 해당 작업이 수행하는 직무 모두가 기술로 대체돼야 하고, 이는 기술적 요인뿐만 아니라 사회·경제적인 요인으로 변화하기가 쉽지 않기 때문이다. 그러나 기술진보에 따라 근로자가 수행하는 직무는 그 내용뿐만 아니라 숙련도의 변화가 보일 수밖에 없을 것이다.

한편 4차 산업혁명에 따른 또 다른 변화는 일자리의 양극화는 더욱 심화될 것으로 예측되며, 대기업을 중심으로 우수인재 영입 및 유지를 위한 데이터 기반 인적자원관리가 강화될 것으로 보인다. 기존에 기업들은 기업 내의 활동인 생산, 구매, 연구개발, 마케팅, 경영지원 등의 활동을 효과적으로 연결하거나 계열사나 하청업체를 통한 수직계열화를 통한 협업으로 가치사슬을 관리하여 원가를 절감하고 품질을 관리하는 방법으로 수익을 창출했다고 볼 수 있다. 플랫폼 경제하에서는 조직이 보유하고 있는 네트워크의 효율적인 활용으로 수익성이 창출된다. 현재는 자동차, 조선, 석유화학 등과 같은 산업 및 업종별 구분이 되어 있으나 플랫폼 비즈니스에서는 이러한 경계를 뛰어 넘게 될 것이다.

그러나 이러한 공유 플랫폼은 노동자의 고용안전성을 위협할 수도 있다. 고용이 프로젝트 단위로 단기계약을 통해 성사되면서 전통적인 임금노동자에서 일자리와 지위가 불안해지고 소득도 불안정해질 수 있다. 즉, 우리에게는 공유 경제로 알려진 대표적인 업무인 운전, 배달, 대리기사, 번역 등은 과거 전형적인 전일제 정규직의 고용관계에서 벗어나 다양한 고용 형태로 변형되면서 일자리의 질이 저하될 우려가 있다. 디지털 기술이 전통적인 고용 과정에 대한 통제방식과 계약의 형태를 바꾸고 있는 것이다. 기존에 수행하던 일과 동일하지만 공유플랫폼에 참여하면서 불확실성이 크고 경쟁이 치열해지면서 더욱 열심히 일을 하게 되는 것이다. 기업의 입장에서는 고용안정성을 제공하고 4대 보험료 같은 사회적 비용을 지급해야 하는 임금노동자의 수를 줄이면서도 높은 수준의 서비스 결과물을 생산하는 긱(gig) 노동자를 선호하게 될 것이다.

이처럼 기술혁신에 따라 일자리 형태가 변화하는 점을 고려할 때 일자리 정책 방향도 바뀌어야 한다. 먼저 기술진보에 따른 새로운 직무에 적응할 수 있도록 지속적인 직업능력개발이 뒷받침돼야 한다. 이를 통해 구직자가 새로운 직무변화에 유연하게 적응할 수 있는 능력을 향상시켜야 한다. 피고용인의 근로형태가 다양해지고 있지만 아직 노동자들은 이에 대한 준비도가 낮은 것이 현실이다. 노동 4.0 시대는 네트워크화, 디지털화, 유연화가 강조될 것이며, 이와 관련하여 고용형태 및 직무역량 등의 변화가 예측되므로 취약계층 근로자에 대한 생애경력개발에 대한 지원이 필요하다. 특히 직업이나 직장이 바뀌더라도 개인이 가진 역량을 어느 조직에서도 충분히 발휘할 수 있고, 이에 따른 공정한 평가와 보상을 받을 수 있는 사회적 여건을 만들어주는 것이 무엇보다 중요하다. 높은 수준의 근로자 보호와 함께 노동시장 유연성을 유지하고 있는 독일, 네덜란드, 덴마크, 노르웨이, 스웨덴 등 선진국의 경험을 살펴볼 필요가 있다.

지역 고용위기 극복을 위한 노사 주체와 지자체의 역할

2019.07.30.

최근 조선업 수주 증가에도 불구하고 미중 무역전쟁 장기화로 인한 경기 부진 현상이 여전한 가운데 일본과의 경제전쟁으로 한국 경제의 미래에 그림자가 드리우고 있다. 그러나 여전히 울산지역의 일자리 문제는 해법을 찾아내지 못하고 표류하고 있는 것처럼 보이는 것은 필자만의 기우일까? 이러한 지역고용 이슈의 해결을 위해서는 일자리 창출을 위한 지역의 사회적 대화를 활성화 하고자 하는 실질적인 노사 주체의 실질적 노력이 필요한 시점이다.

그러나 정작 조선, 자동차, 석유화학 등 우리지역 주력산업의 노사 주체는 정례적인 사회적 대화는 고사하고, 위기극복 의지 또한 미비한 것으로 보인다. 이미 조선업 위기지역 극복 상황에서도 경험한 바와 같이 대기업 원청과 노조의 참여가 충분히 보장되지 않은 상황에서 정부와 지자체의 구조조정 대책 수립 및 지원은 근본적인 일자리 문제를 해결할 수 없을 것이다.

대기업 노사, 협력사 대표, 비정규직 대표, 민간 전문가, 지역주민 등이 참여하고 지자체와 중앙부처가 지원하는 사회적 대화 활성화를 위한 플랫폼 구축이 필요하며, 노사 주체가 지역의 고용 현안을 충분히 인지하고 이를 극복하기 위해 실행 전략을 공유하고 모니터링 할 수 있는 정례적 이해관계자 실무위원회의 구성이 필요하다. 이러한 사회적 대화의 기반 하에 산업별 임금체계 검토, 지역기업임금공시, 대기업 중소기업 노동시장 이중구조 개선 능의 활동 등을 동해 지역 일자리의 구조적인 문제를 해결해야 할 것이다.

한편 지역고용정책 지원주체로서 지자체 담당자의 역할 및 전문성을 강화해야 한다. 지역 고용 정책 수립 등 조선, 자동차 등 고용안정 대책으로 일자리 창출과 지역경제 활성화를 위한 정부 재정 투입, 전직·재취업 및 창업지원 강화를 포함한 종합적인 고용지원서비스 체계를 구축하기 위해서는 지자체 공무원의 전문성이 담보되어야 할 것이다. 특히 지역에 대한 이해도가 높은 취업알선, 직업훈련, 일자리 정보망 등 관련 지원체계를 체계적이고 종합적으로 운영해야 할 것이다.

과도기적 형태의 고용 거버넌스를 지자체 스스로 전략적으로 운영할 수 있도록 개선하기 위해서는 예산 및 충분한 인력 확충이 필요하다. 고용노동부, 산업부, 기재부, 중소벤처기업부, 여성부 등 정부의 고용서비스, 직업능력개발훈련, 고용장려금 등을 분석하여 향후 도입 필요성이 있는 제도를 발굴하고, 지역의 청년, 여성, 중장년 등 계층별 및 실업자, 중소기업 등 대상에 따라 체계적으로 수행하기 위한 행정지원에 중점을 두기 보다는 지자체 일자리부서의 전략 기능 및 담당자의 전문성 강화가 필요한 것이다.

또한 고용위기지역과 관련하여 지자체의 위기극복 과정의 경험을 사례화하여 향후 발생될 수 있는 자동차 부품업체, 석유화학 등 기타 산업이나 지역 고용위기 상황이 발생할 경우를 대비하여 지자체는 적극적인 고용정책을 마련하여 위기를 예방하고, 위기발생시 적시에 대응할 수 있는 위기관리 시스템 구축이 필요하다.

또 산학정과 지역 연구기관이 연계하여 조선, 자동차부품, 석유화학 등 주력산업 핵심기술력 향상을 위한 연구 및 기술, 양성 및 향상 교육을 지원할 수 있는 인프라 체계화하는 노력이 필요하다. 경우에 따라 근로자가 갑작스럽게 일자리를 잃는 경우에는 심리적 부담과 생계유지가 어려워지기 때문에 재직단계에서의 전직훈련 참여를 통해 자연스럽게 일자리가 이어질 수 있도록 예방 차원의 재직자 대상 훈련의 보완이 필요하다.

실제 조선업 위기 이후 단기간, 임시직 인력공급이 활발히 진행되면서 인력파견업체가 증가하고, 작업장에서 산업안전에 대한 우려와 아웃소싱 인력의 활용이 늘어나면서 임금하락이 발생하고 있는 상황에서 산업안전관리공단과 연계하여 안전교육을 이수한 사람들을 대상으로 취업알선 서비스를 제공하는 등 복합적인 고려도 필요하다.

최근 지역 경기 회복이 더디고 40~50대 제조업 중장년층 근로자의 퇴직이 늘어나는 상황에서 이들을 대상으로 진로설계, 전직훈련, 전직지원서비스를 체계적으로 제공할 수 있는 플랫폼의 구축도 필요할 것이다.

주52시간 근로시간 단축 시행 1년을 돌아본다

2019.06.30.

주 52시간 근무제 처벌 유예기간이 끝남에 따라, 올해 7월과 내년 1월 본격적인 제도 확대를 앞두고 있다. 그러나 이의 실행에 따른 세부적인 문제점을 보완하기 위해 기업들은 발등에 불이 떨어진 가운데 정치권과 노사주체는 논의를 중단한 상태로 심각성이 커지고 있다. 버스나 우체국 집배원 등 일부 제외업종의 경우 52시간 근로제의 도입 이후 목적과 취지와 달리 근무환경이 크게 개선되지 않은 상태에서 노동시간에 비례해서 임금이 삭감되는 부작용에 직면하기도 했다.

이에 정부가 추가적으로 3개월의 계도기간을 각 버스회사에 주기로 결정하면서, 7월1일부터 시행예정인 노선버스 근로시간 단축이 사실상 3개월 미뤄지기도 했다. 버스요금인상 절차이행, 신규인력 채용과 현장 투입에 소요되는 물리적인 시간 등을 감안하여 계도기간이 필요하다는 주장이다. 특히 300인 버스업체가 전국적으로 31곳이고 경기도에만 21곳이 몰려있다 보니 신규인력 채용을 위한 시간이 그만큼 소요되고, 버스요금 인상, 준공영제 확대 정부예산 투입시간을 고려하면 바로 시행이 불가능하다는 것이다.

근로시간 단축으로 인한 긍정적인 측면으로 통계청 경제활동인구조사에 따르면 지난해 주 53시간 이상 취업자는 450만5000명으로, 전년도 531만8000명 대비 15.3% 줄어든 것으로 나타났다. 국내 전체 사업체 노동자의 1인당 월평균 노동시간도 163.9시간으로 2.4시간 감소한 것으로 나타났다. 특히 노동시간이 가장 긴 업종인 부동산·임대업의 월평균 노동시간은 6시간이 줄어 감소폭이 가장 컸으며, 제조업의 월평균 노동시간도 2.7시간이 줄었다.

여전히 주 52시간 근무제에 대한 중소기업의 준비가 미흡한 상황으로 이를 유예하거나 보완할 탄력근로제 도입이 시급하다는 시각도 있다. 현재 탄력근로제 단위기간은 최장 3개월이지만, 노동시간 개선위에서 6개월로 확대할 것을 이미 합의한 바 있다. 주 52시간 근무제가 안정적으로 정착되려면 기간의 추가 연장이나 제도보완이 서둘러 이루어져야 한다는 것이다. 탄력근로제는 특정 기간의 근무시간을 연장하는 대신 다른 근무 기간의 시간을 단축시켜 평균 근무시간을 법정근로시간 내로 맞추는 유연근무제 일환으로 업무량이 주기나 계절적으로 유동적인 기업에서 유용하게 활용될 수 있다.

그러나 노동계 일부에서는 탄력근로제 단위기간 확대에 우려의 목소리도 있다. 현행법으로도 최대 3개월간 연속으로 64시간 노동이 가능한데, 단위기간을 1년으로 확대하면 최대 1년 연속 1주에 64시간 노동이 가능할 수 있다는 것이다. 초과시간에 대한 가산 수당이 붙지 않고, 확대된 단위기간 동안 작업량이 적을 때는 단축근무를 하게 되므로 야근을 하더라도 연장근로 수당을 받을 수 없어 실질적인 임금 감소로 이어질 수 있다는 것이다.

기업현장에서는 근로시간 단축으로 업무 효율과 생산성을 종전보다 높여야 하는 대기업들은 근로시간 관리를 강화하면서 주 52시간제에 대응하고 있다. 대기업들은 보고절차를 간소화하거나 자율좌석제를 도입하는 등 일하는 방식을 근본적으로 바꾸면서 주 52시간

시대에 적응하고 있는 것으로 보인다. 특히 보고문화 개선은 아마존의 제프 베이조스가 선언한 파워포인트 제로가 대표적인데, 현대카드, 두산, KB 등도 PPT 대신 서술형 보고서를 활용함으로서 분량과 회의시간 줄이고자 노력하고 있다. 또 다른 변화는 주 52시간 근무제가 시행된 이후 근로시간 관리 강화되었으며, 탄력적 근로시간제, 시차출근제, 선택적 근로시간제 등 유연근무제를 과반 이상의 기업이 실시한다고 응답하였다. PC-OFF제 도입, 장기휴가 권장, 회식 줄이기 등도 시행되고 있는 것으로 나타났다.

그러나 정작 문제는 내년부터 주 52시간제가 적용되는 300인 미만 사업체이다. 이들은 인력 충원 등의 여력이 부족해 주 52시간제 안착이 쉽지 않을 것으로 예상된다. 정부는 탄력근로제의 남용을 막고 임금저하를 방지를 위한 보전 수당, 할증 등 임금 보전 방안을 강구하고 있으나 중소기업의 여력은 부족한 것이 현실이다. 일터혁신컨설팅 사업 등의 확대를 통해 개별 기업에 맞는 교대제 개편 및 유연근로제 지원을 위해서는 기업현장에 대한 이해도가 높은 전문가를 통한 지원이 필요하다. 한편 임금체계와 근무방식의 변화는 사업주가 독단적으로 도입할 수 없으며, 반드시 노조나 근로자대표와 합의가 필요한 사안이므로 노사주체의 상호 신뢰를 기반으로 상생적 대화채널 구축이 필요하다.

최저임금 인상에 대해 언제까지 논쟁만 할 것인가

2019.06.11.

최저임금에 대한 논쟁이 여전히 뜨겁다. 헌법재판소는 지난해와 올해 각각 16.4%, 10.9%로 2년간 30% 가까이 인상한 최저임금을 고시한 고용노동부 장관을 상대로 헌법소원심판 사건 공개변론을 13일 오후 대심판정에서 개최한다고 10일 밝혔다. 소상공인협회는 노동부의 2018년과 2019년 최저임금 고시에 대해서 기업의 재산권 및 영업자유를 침해하고 헌법에 위배된다며 헌법소원심판을 청구한 것이다.

한편 11일 한국노동연구원에서 보고한 내용에 따르면 지난해 서울, 대전, 대구지역에서 소매업과 소규모 음식점 2000곳을 대상으로 실시한 조사결과 최저임금 인상에 대해 인건비 부담을 느껴 영세 자영업자의 30% 가량이 직원 수를 줄이거나 근로시간을 조정했다고 밝혔다.

최저임금 적용 근로자가 있는 사업장에서 적극적으로 최저임금 인상에 대응을 한 것으로 나타났는데, 근로시간 조정이 34.2%로 가장 많았고, 근로자 수 조정이 28.7%에 이르는 등 실제 최저임금의 가파른 인상에 따른 고용시장의 후폭풍도 만만치 않다.

최저임금이 지난 2년간 30% 수준으로 올랐지만 모든 근로자들의 삶이 개선된 것은 아니다. 이는 임금을 올려줄 여력이 부족한 취약업종 사업주들이 도리어 근로시간을 조정하거나 일자리를 줄이는 방식으로 대응했기 때문이다. 물론 근로자들 간의 임금 격차는 줄었지만, 현재의 통계자료는 노동시장에서 밀려난 이들에 대한 분석은 제외된 것으로 소득격차는 온전히 개선되었다고 보기에 한계가 존재하는 것이다.

특히 최저임금 인상에도 근로자의 임금은 제자리 수준인 경우가 많았는데, 최저임금 인상에 따라 근로자의 임금을 높였다는 사업체는 30.1%에 불과했다. 이는 법적인 강제에도 불구하고 최저임금 인상에 따르지 않는 곳이 여전히 많이 존재하고 있다는 것이다. 조사대상 자영업자의 월평균 영업비용은 1700만원으로 인건비 비중이 405만원으로 전체의 23.8%를 차지하면서 재료구입비 1050만원을 제외하면 가장 비용 부담이 큰 항목으로 나타났다.

최저임금 인상이 지금까지 노동시장 양극화를 완화하고 지속가능한 성장과 삶의 질을 제고하기 위한 수단으로 인식되어 온 것은 사실이다. 이는 여성, 비정규직, 영세사업장 등 사각지대에 고통 받고 있는 근로자에 대한 효과적이고 실질적인 생활임금 확보 수단으로 활용되었기 때문이다.

그러나 지난 3월부터 연속으로 역대 최대 기록 경신을 이어가고 있는 실업급여 지급 등 좀처럼 개선되지 않는 고용시장 상황에서 또 한 차례 급격한 최저임금 인상은 취약계층에 대한 고용을 더 줄일 가능성이 높으며, 이들의 생계비 수급에도 부정적인 영향을 미칠 수 있음을 인식해야 할 것이다.

최저임금 인상에 따라 영세사업자, 비정규직 하청업체 저임금 근로자 등 사회적 약자가 도리어 피해를 입지 않도록 정부는 사전에 보호조치를 마련하고 장기적 지원책에 대해서도 충분히 논의되어야 할 것이다. 또한 최근 최저임금 정책결정에 대한 국민의 우려를 불식시키기 위해서는 노사 주체는 더 이상 눈 앞에 놓인 이익을 위한 정쟁보다는 대화석상에서 합리적인 태도로 우리 앞에 난제한 대내외 경제 이슈를 풀어나갈 수 있도록 노력해야 할 것이다.

문재인 정부 3년차, 일자리 정책과 향후 과제

2019.05.09.

국민 10명 중 6명은 지난 2년 간 문재인 정부의 경제정책에 대해 부정적으로 평가하는 것으로 조사된 것으로 나타나고 있다. 이에 국민들의 경제에 대한 불신과 3년차 집권기를 대비하는 정부는 무엇보다도 경제정책의 근간인 고용 및 일자리 정책과 예산에 대한 중감 점검과 효과성을 강화하는 방안에 대해서 보다 적극적으로 논의할 필요성이 있다.

정부의 일자리사업 예산은 2008년 세계금융위기 이후 안정적 일자리 창출을 위해서 지속적으로 증가했으나 노동시장의 환경 변화를 적극 반영하지 못하고 있다는 비판이 여전히 있다. 특히 일자리 예산은 2015년 13.9조원에서 2018년 23.5조원으로 연평균 10% 이상 증가하였으나, 여전히 OECD 주요국가와 비교해 직접일자리 비중이 높고, 고용역량 제고를 위한 직업훈련과 즉시적 미스매치 해소를 위한 고용서비스에 대한 재정투자는 다소 미흡하다는 평가를 받고 있다. 이는 OECD 주요 국가와 비교해 예산구조가 복잡하고 다수의 일자리 사업이 동시에 추진돼 국민 체감도가 낮은 것에서 기인한다.

그러나 향후 3~4년간은 청년층 노동력 공급증대와 좋은 일자리 부족으로 미스매치가 더욱 심화될 것으로 전망되고 있으며, 노동시장의 기업별, 지역별 분절로 인한 청년 실업극복이 여전히 과제로 부각되고 있다. 조선, 자동차, 철강 등 한국경제의 주력산업에 대한 재편 시기로 고용위기지역이 빈번하게 발생하면서 지역 일자리 유지 및 창출에 대한 정책 수요가 발생하면서 광주형, 군산형 일자리 등과 같이 지역중심 일자리사업에 대한 국민적 관심도 크게 높아지고 있는 상황이다.

이에 모든 국민들이 바라는 좋은 일자리 창출을 위해서는 단기·중장기 고용분야 재정투자의 핵심의제를 재설정하고 국민들이 바라고 있는 일자리 정책방향에 대한 의견 수렴이 필요하다. 특히 일자리 유형별(직접일자리, 직업훈련, 고용서비스, 고용장려금, 창업지원 등), 정책대상별(청년, 여성 및 중장년 등) 재정투자 기준을 마련하고, 고용성과가 미흡한 사업에 대해서는 구조조정과 함께 과감한 효율화 조치를 실시해 재정지원 일자리 사업의 선택과 집중이 필요한 시기이다.

한편 광역·기초자치단체도 자체 예산으로 2000여개가 넘는 일자리사업을 추진하고 있으나, 여전히 정부 일자리사업과 유사 중복문제가 심각하고, 중앙과의 연계도 미흡한 것이 현실이다. 일자리사업에서 중앙과 지방의 역할분담 및 조정을 통해 연계강화, 이를 위한 예산 배분 기준 등에 대한 논의도 필요할 것이다.

특히 청년고용률 및 청년실업률, 청년취업자 등 청년 고용지표는 전체 노동시장 대비 여전히 매우 열악한 수준을 보이고 있다. 청년실업 문제는 기업규모별, 고용형태별 근로조건의 격차 등 노동시장 이중구조에서 기인하므로 이에 대한 중장기적 해결책 마련이 필요하다는 인식이 필요하다. 핵심 근로연령층인 25~35세 인구 증가추세 지속 등으로 인해 향후 3~4년간 고용부담이 가중될 것으로 전망된다.

또한 채용상 성차별, 성별임금격차, 성별직종분리, 유리벽과 유리천장, 경력단절 등 여성들이 노동시장에서 겪는 다양한 성차별 해소에 대한 사회적 요구가 강화되고 있는 현실이다. 여성일자리 문제는 근본적인 노동시장의 성차별 해소를 통해 접근해야 할 것이며, 여성의 경력단절 예방 및 재취업 지원과 노동시장 성차별 구조를 해소하기 위한 재정투자 수요도 지속적으로 증가할 것으로 전망되며 이에 대한 대비도 필요할 것이다.

마지막으로 청년 및 중장년 구직자를 대상으로 신기술·고숙련 직업훈련을 강화하여 4차 산업혁명 시대에 적합한 훈련기반 구축하고, 평생 직업능력개발 체계를 강화하고 경력개발 지원을 강화하는 방안도 모색되어야 할 것이다. 특히 직업훈련 품질관리 강화를 통해 구직자들이 적절한 훈련을 통해 새로운 직장을 찾을 수 있도록 고용서비스와 연계하려는 노력도 필요하다.

울산 동구 고용위기지역 지정 연장과 향후 과제

2019.04.08.

정부는 지난 4일 고용정책심의회를 열고 울산 동구 등 고용위기지역 지정 기간을 내년 4월까지 1년 연장하기로 결정했다. 고용보험 피보험자 증가율이 전국 평균보다 낮은 경우에 고용정책심의회의 심의를 거쳐 1년간 연장할 수 있는데, 지난해 4월부터 올해 1월까지 고용보험 피보험자 증가율 역시 0.3%로 전국 고용보험 피보험자 평균증가율 0.25%보다 훨씬 밑돌았다. 최근 주력산업인 조선업계의 선박 수주가 증가하면서 조선업 경기가 회복세를 보이고 있으나, 여전히 경기불황으로 인한 일자리 감소, 자영업자 폐업 증가하고 있는 현상이다.

울산 동구는 지난 1년간 인프라 구축 및 고용위기극복과 일자리 창출을 위한 명목으로 지난 한해 조선업희망센터 운영, 희망근로지원사업, 전통시장 공영주차장 조성, 대왕암공원 AR콘텐츠 체험존 조성, 조선업 퇴직자 재취업 지원사업 등 총 240억원의 국비를 지원받은 바 있다. 한편 청년추가고용장려금, 고용유지지원금, 지역고용촉진지원금 등 50여억원 등도 지원받았다. 그러나 이러한 중앙정부 차원의 단기적인 지원은 가뭄에 단비는 될 수 있을지 모르겠으나, 해당 지역 중소기업과 소상공인, 지역주민들이 체감하고 있는 어려움을 해갈하기에는 터무니없이 부족한 것이 현실이다.

지역 주력산업의 고용위기를 극복하고 신산업도시로서의 재도약의 시대를 맞이하기 위해 몇 가지 제언하고 싶다. 첫째 주력산업별 고용위기관리 협의체를 설치하고, 정례화된 운영을 통해 노사주체의 참여를 통한 사회적 대화 활성화 방안 마련이 필요하다. 실제 조선업 특별고용지원업종이나 고용위기업종 선정 후, 조선업위기를 극복하고자하는 노사 주체가 참여하는 정례적인 위원회 활동이 거의 없었다. 특히 하청업체의 경우 노조가 구성되어 있지 않은 경우가 대다수로 고용안정도 보장되지 못하는 측면에서 적극적인 활동 참여도 어려운 것이 현실이었던 것으로 판단된다. 지자체, 관련 중앙부처, 원청 노사, 협력업체 대표, 비정규직 대표, 민간전문가 등이 참여하는 사회적 대화 활성화를 위한 플랫폼 구축이 필요하며, 고용조정 당사자들이 실효성 있는 위기극복 과제를 제시하고, 사회안전망 사각지대에 놓인 취약계층을 지원하고 모니터링 하면서 단계별 실행 전략을 공유할 수 있는 플랫폼으로서의 업종별 위기극복 운영위원회의 설치를 제안하고 싶다.

둘째, 지역산업 위기관리 시스템 구축 및 대응매뉴얼 제작이 필요하다. 고용위기지역 지정을 통한 지자체의 위기극복 과정의 경험을 사례화하고, 향후 자동차, 석유화학 등 기타 산업이나 지역 고용위기 상황이 발생할 경우를 대비하여 지자체는 적극적인 지역고용 정책을 마련하여 위기를 예방하고, 위기발생시 사전에 대응할 수 있는 조기경보체계를 구축하는 노력이 필요하다.

셋째, 지역차원의 조선업 경쟁력 강화 및 재고용 지원 방안 및 체계적인 인력양성 인프라 구축이 필요하다. 이를 위해서 조선업 경쟁력 강화를 위한 연구기관 등을 설치해야 할 것이다. 산학정과 연구기관이 연계하여 조선기술력을 향상을 위한 연구, 필수 기술지원 및 양성, 향상교육을 수행할 수 있을 것으로 기대되며 원청 및 중소기업 간 협업을 통하여 연구기관을 설립하여 전문연구인력 및 지원업무, 핵심기술 연구 등의 업무수행이 가능할 것이다.

마지막으로 울산조선업희망센터를 대체하여 지속적으로 조선업종 퇴직자를 지원하고, 자동차 부품업체 위기에 대응할 수 있는 고용서비스 기관에 대한 추가 설치가 필요하다. 조선업황은 개선되고 있으나 여전히 사내외 하청업체는 물량확보에 대한 어려움을 호소하고 있는 상황이다. 울산조선업희망센터는 고용위기의 극복과정에서 중추적인 역할을 수행하여 왔으나 2019년 중 사업이 종료되고 향후 활용계획이 불투명한 상황에 있다. 향후 자동차 부품업체 근로자들에게 고용서비스를 제공할 수 있도록 접근성이 높은 지역을 선정하여 지역산업연계형 전문 고용복지센터의 설립도 기대해본다.

지역형 일자리 모델의 확산과 자동차산업 위기 대응

2019.03.07.

지난 1월31일 광주형 일자리 사업이 본격적인 궤도에 진입했다. 광주형 일자리는 정부, 기업, 노동자 등 노사정이 함께 양보와 타협으로 일궈낸 결실이라는 점에서 의의가 크다고 강조되고 있으나, 여전히 현대차 노조를 비롯한 울산지역 일각에서는 이에 대한 우려와 반대의 목소리가 큰 것이 현실이다.

광주형 일자리란 신규 지역 고용창출을 위해 광주시가 추진하는 정책으로 원청기업 대비 상대적으로 낮은 임금으로 근로자를 고용하는 대신 지방자치단체와 정부가 주거, 교통 등 복리·후생비용을 지원해 임금을 추가적으로 보전한다는 일자리 창출 사업의 일환이다. 빛그린산업단지 내 62만8000㎡ 부지에 자본금 7000억원을 투입, 광주시가 자기자본금 2800억원의 21%인 590억원을 부담해 신설하는 독립법인에 현대차가 19%인 530억원을 투자하는 것이 예상된다. 1000cc 미만 경형 스포츠유틸리티(SUV)차량을 연간 10만 대 양산하는 합작법인을 설립할 예정이다.

이러한 지역형 일자리 모델을 광주시가 지속 추진한 이유는 크게 두 가지로 꼽을 수 있는데, 문재인 정부의 100대 국정과제 중 하나로 정부의 소득주도성장 정책과 맞물려 있으며, 노동시장 이중구조를 개선하는 지역형 일자리 모델로서 발전할 가능성이 있어 정부부처는 물론 여야가 적극적으로 지원하고 있었다는 점이다. 또한 광주도 다른 지역과 마찬가지로 청년 실업률이 심각한 상황에서 신규공장이 설립된다면 정규직 근로자의 수는 신입 생산직과 경력 관리직을 합산해 1000여명 수준, 간접 고용까지 더하면 1만~1만2000명으로 추산되기 때문이다.

현대차 노조는 광주형 일자리에 대한 우려에 대해 초기에는 반값임금 체계로 인한 임금 하향평준화를 우려하였으며, 원청인 현대차가 어닝쇼크와 자동사부품업체가 위기를 겪으면서 생산물량의 분할도 우려하고 있다. 실제 국내 경차 내수시장은 매년 13만대로 예상되고 있으며, 광주지역에서 경형 SUV 생산량이 늘어난다면 중장기적으로 제한된 내수시장 경쟁이 격화되고, 울산지역의 추가 일자리 창출이 어려울 것이란 전망도 있다. 물론 생산차량의 70% 수준이 수출된다고 하지만 최근 미중 무역전쟁의 여파와 미국의 자동차 관세의 부과 현실화로 실제 미래의 일자리에 대한 불안을 느끼는 것이 노동계의 입장이고, 추가적인 공장증설보다는 R&D 투자에 보다 적극적이어야 한다는 주장이다.

단기적으로 광주에 신규 공장이 들어서더라도 현대차 단체협상 규정상 울산공장의 생산라인 이전은 노조의 동의 없이 불가능한 것이 사실이며 울산지역 기존 근로자의 일자리 보전은 가능할 것으로 예측된다. 그러나 장기적으로는 시장 논리를 고려한다면 광주형 일자리 모델이 성공한다면 생산원가가 동일한 상황에서 인건비 투입이 상대적으로 적고, 지자체와 정부 지원을 받을 수 있는 지역에 대한 선호도는 올라갈 수밖에 없을 것이다.

지역경제의 회복은 물론 노사대립 상황의 개선의 기미도 보이지 않는 현실에서 노조와 지역사회의 우려에 대한 어떠한 처방을 제시할지에 대해 시민들도 기다리고 있다.

광주형 일자리가 지역에 미치는 영향에 대한 찬반논쟁에 노사가 고착되어 있을 시간적 여유가 없다. 울산은 현재 주력산업인 조선에 이어 자동차도 위기상황에 직면해있어, 현 시점에서 기성세대의 현명한 대응이 우리 자녀들에게 더 나은 울산을 물려줄 수 있는 골든타임이라는 것을 반드시 인지해야 할 것이다. 이를 위해정부와 지자체는 노사주체 간 상생과 대화의 플랫폼을 제시하고, 전문가, 시민단체의 의견을 충분히 청취함은 물론 지역 주력사업의 노동시장 변화 및 일자리 현황을 정교하게 분석하여 이를 토대로 지역산업과 연계된 일자리의 양적 유지 및 신규창출 방안을 모색해야 할 것이다.

한편 자동차부품산업의 불황이 가시화되고 중소영세사업체를 중심으로 구조조정 논의가 본격적으로 진행되고 있는 상황에서, 해당 산업 종사자의 타 산업으로의 전직 사례를 분석하여, 향후 대규모 실직자가 예상되는 경우에는 빠르고 효과적으로 다른 업종으로의 전직을 지원할 수 있는 위기 대응시스템의 구축이 필요하다. 퇴직자들의 이직 경로에 대한 분석과 동시에, 이직가능 경로를 제시하고 지원가능 정부 정책 및 제도에 대한 검토를 통해 자동차부품산업 실직 근로자에 대한 지원 방안 수립도 필요하다.

노사 간 신뢰와 사회적 대화 통한 임금체계 개편 필요하다

2019.01.31.

2019년도 최저임금은 10.9% 오른 8350원으로 의결되었으며 실질적인 주휴수당을 포함하면 1만30원 수준에 이른다. 정도의 차이는 있겠으나 2년 연속 두 자리 수 인상에 대기업도 한계를 느끼고 있으며 소상공인연합회는 헌법소원 심판 청구서를 제출하기도 하였다. 정부는 일자리 안정자금 지원대상을 넓이고, 국민연금과 고용보험 부담액 중 일부를 국가에서 지원하는 두루누리 공제기준을 상향조정하기도 하였으나, 최저임금에 대한 영세중소기업과 소상공인의 물적·심리적 부담감을 낮추기는 쉽지 않을 것으로 보인다.

한편 국내 주요 대기업 10곳 중 7곳도 최저임금 산입범위 법 개정과 관련해 임금체계를 개편했거나 논의 중인 것으로 나타났다. 특히 현대모비스와 같은 신입사원 연봉이 5000만원이 넘는 대기업도 최저임금 기준을 넘지 못하면서 고용노동부로부터 시정명령을 받기도 했는데, 이렇게 고액연봉에도 최저임금을 넘지 못하는 이유는 기본급이 전체 급여의 40%에도 미치지 못하는 후진적인 임금체계가 그 원인이다. 즉 상대적으로 낮은 기본급 책정과 격월로 지급되는 상여금 및 성과급 등에 대한 비중이 높기 때문이다. 정부는 경영계의 의견을 반영하여 개정된 최저임금 산입범위에 매월 지급되는 상여금, 복리후생비가 포함하도록 하였는데, 대기업은 자율시정기간 동안 노사가 협의하여 고액연봉임에도 불구하고 최저임금을 위반하게 되는 사례에 대한 임금체계 개편이 필요할 것이다.

임금은 생계비와 직접적으로 연동되므로 근로자 입장에서는 안정성과 연속성을 요구하고, 기업은 생산비용으로 인식하기 때문에 급격한 인상보다는 철저한 통제를 원칙으로 한다. 최근 최저임금의 급격한 인상에 따라 많은 기업들이 현행 임금체계 개편을 서두르고 있는 것이다. 물론 노조가 있는 대기업의 경우 최저임금 상승으로 인해 임금체계가 개편되면 임금인상의 여력이 발생할 수도 있으나 그렇지 못한 영세중소기업과의 임금격차가 더욱 벌어질 수 있다는 우려도 있다.

그 동안 임금과 관련하여 노사의 주된 관심은 임금수준에 관한 것이었고 상대적으로 임금체계에 대해서는 관심이 적었다. 산업화 초기 고성장 시기에 연공급형 임금체계는 장기근속을 유도하고 그에 따라 숙련인력을 유지할 수 있다는 장점을 가지고 있었다. 그러나 근속연수에 따라 생산성이 비례적으로 증가하지 않을 경우, 일정 연령 이후에는 임금수준과 생산성의 괴리가 커지면서 오히려 기업입장에서는 고비용을 초래하기도 한다.

호봉의 상승에 따라 임금이 결정되는 연공급제는 여전히 우리 기업의 주된 임금체계로 채택되고 있으며, 최초 급여를 기준으로 근속연수에 비례하여 임금이 상승되는 구조로 세대, 산업, 업종 간 임금 불평등의 원인으로 끊임없이 지적되어 왔다. 그러나 우리나라에서 임금체계 개편이나 직무중심 인사시스템을 도입하는 것은 생각처럼 쉽지 않다. 상당수 기업은 강성 노동조합의 벽에 막혀 해결의 실마리를 풀지 못하고 있다. 독일에서도 금속노조가 신임금구조 협약인 ERA로 개편하는데 13년, 일본의 도요타가 연공급에서 직능급으로 개편하는데 14년이나 걸렸다.

개정 법률에서도 취업규칙을 통한 상여금 등의 지급주기 변경은 노동자 과반수 의견을 들어야 변경 할 수 있도록 특례조항을 두고 있다. 임금체계를 합리적으로 개편하기 위해서는 노사 간의 충분한 공감대 형성과 신뢰를 기반으로 점진적 변화를 통해 수용성을 높여나가는 노력이 필요하다.

또한 연장근로 임금은 낮추고 정규근로 임금은 높이는 방향으로 노사합의가 실현되도록 지원하고, 근로시간이 아닌 생산량에 따른 보상체계의 확산이 필요하다. 투입보다 산출중심의 보상을 강화하고, 정규근로 대비 연장근로의 상대적 보상수준을 조정하여 효율적으로 짧게 일하는 것이 근로자에게 유리한 임금체계 마련이 필요하다. 연장근로에 과도한 혜택을 주던 경제 성장기에 기업이 제시한 왜곡된 임금체계의 개선이 반드시 필요한 시점이다.

기해년 새해, 경제 전망과 기업의 과제

2019.01.01.

울산대종 제야의 종이 울리고 마침내 2019년 황금돼지해 기해년이 밝았다. 지난 31일 타종 행사가 열리는 울산대공원 인근에 모여든 시민들은 다사다난했던 2018년을 뒤로 하고 새해를 맞이하며 저마다의 소원을 빌었다. 무엇보다도 주력산업이 장기불황에서 벗어나 산업도시 울산으로 재도약을 꿈꾸며 2019년을 맞이하고자 하는 것이 시민들의 기대가 아닐까 싶다.

그러나 우리의 기대와는 달리 기해년 국내외 경제상황은 녹록지 않을 것이라는 전망이 우세하다. 세계경제는 선진국의 잇따른 금리인상으로 경기를 떠받치던 유동성 효과가 점차 사라지고, 미·중 무역갈등에 따른 교역위축 효과가 본격화되면서 2019년부터는 미국, 일본 등 주요 선진국의 생산이 둔화되고 경제심리가 위축되면서 하향흐름으로 돌아설 전망이다. 국내경제 상황도 이러한 외부 환경요인의 영향으로 실질 경제성장률의 증가세도 2.6% 수준에 머무를 것으로 보인다. 정부의 재정정책은 확장 운용되겠지만 민간소비는 최저임금 인상, 고용부진, 금리인상 등의 영향으로 지속적으로 둔화될 것으로 전망된다.

한편 금리상승에 따른 기업의 자금조달비용 부담이 커지면서 대기업이나 중견기업은 무리한 사업확장보다 구조조정과 내실화에 초점을 둘 것으로 판단된다. 더구나 최근 3년간 연평균 8.2% 증가해 우리경제 성장을 이끈 건설투자는 신규 착공 및 수주 부진, 정부 부동산 규제 강화 및 SOC예산 감축 등의 영향으로 조정 기조가 이어질 것으로 보인다. 반도체분야 수요 확대는 지속되겠으나 글로벌 공급부족이 해소되면서 지난해와 같은 단가 상승 및 설비투자 증가를 기대하기 어려울 것으로 보인다. 특히 메모리 반도체 가격 하락에 따른 수요 둔화로 성장 둔화가 예상된다.

울산지역 주력산업인 자동차는 내수 부진과 함께 무리한 해외설비투자 확대 등으로 국내 신규투자 여력이 제한적일 것으로 보인다. 조선은 완만한 세계수요 회복과 지속적 공급능력이 확충되고 있으나 아직 가시적인 투자 회복은 어려운 상황이다. 또한 조선, 자동차 등 주력 제조업 평균가동률이 지속적으로 하락하고 있어 국내 생산설비 확장 및 투자의 제약요인으로 작용할 것으로 보인다. 이렇게 전후방 연계효과가 크고 취업유발계수가 상대적으로 높은 지역 주력업종의 불황으로 지역 중소기업의 추가적인 일자리 창출은 어려울 것으로 판단된다. 더구나 요식업, 숙박업, 금융보험 등 지역 서비스업종의 고용감소에도 영향을 미칠 것으로 보인다.

특히 2019년은 지역 중소기업에게 최저임금 인상, 근로시간 단축, 노사관계 개선 등 주요 HR사안에 대한 대응으로도 벅찬 한 해가 될 것으로 예상된다. 우선 현장에서는 과잉공정 개선, 불량률 감소, 교대제 개편 등 지속적인 생산혁신 활동으로 숨은 근로시간을 찾는 노력이 필요하다. 또한 연장근로가 필요한 경우에는 반드시 부서장 승인을 받도록 하는 등 연장근로 운영지침을 마련하고, 집중근로 시간제를 도입해 근무시간 중에 사적인 웹서핑이나 사무실 이탈 등을 막아 실질적인 근무 시간 확보해야 할 것이다. 근로시간이 단축되더라도 기존 생산량 유지를 위해 설비투자 확대와 추가 인력확충에 대한 고민도 필요하다.

기업 특성에 맞는 유연근무제도를 도입하기 위해 다양한 사업환경, 업무성격, 개인여건 등을 고려한 다양한 근무형태를 활용할 필요가 있으며, 사업장 밖 근무가 잦은 경우 간주근로시간제를 활용할 수도 있다. 공휴일의 민간기업 확대 적용에 따른 휴일 증가로 업무공백이나 생산차질이 발생하지 않도록 휴일 운영지침 관리도 필요하다.

임금체계와 근무방식의 변화는 사측이 독단적으로 도입할 수 없으며, 반드시 노조나 근로자대표와의 합의가 필요한 사안이므로 기업내 노사 간 소통체계가 활성화돼야 한다. 근로시간이 단축되고 노동비용이 증가한다면 자본 대체효과가 발생해 상대적으로 노동시간이 감소할 수 있다는 상황에 대한 노동자의 인식도 필요하다. 시간외 근로가 줄어들면서 일정 수준의 임금감소가 불가피할 것으로 예상되는데, 이와 같은 경우 근로자 불만이 고조되고 노사 분쟁을 야기할 수도 있다. 우리 앞에 놓여진 위기를 직시하고 이를 극복하기 위해서는 상생적 대화채널 구축과 노사 상호 신뢰가 그 어느 때보다 중요한 한 해가 될 것으로 보인다.

광주형 일자리와 울산 지역경제의 미래

2018.12.05.

광주형 일자리 협상안에 대한 공동결의가 이뤄진 가운데 울산지역 노동계와 지역사회를 중심으로 위기감이 고조되고 있다. 현대차 노조는 협약체결 시에는 총파업에 돌입하기로 하는 등 강하게 반발하고 있다.

특히 광주형 일자리 모델은 정부의 소득주도성장 정책과 맞물려 있고, 노동시장 이중구조를 개선하는 지역형 일자리 모델로서 발전할 가능성이 있어 해당 지자체는 물론 정부부처, 여야가 모두 적극적으로 지원하고 있어, 울산시가 이에 대한 적극적인 의견이나 제 목소리를 내기도 어려운 상황으로 보인다.

그러나 그 동안 노동계 안팎에서 지속적으로 제기한 적정임금, 적정 근로시간, 노사책임경영, 원하청 관계개선 등 광주형 일자리 4대 의제가 어떻게 반영될 것인가에 대한 논의는 여전히 중요한 의제로 남아있다. 광주에 신규 공장이 들어서더라도 단기적으로는 현대차 단체협상 규정상 울산공장의 기존 생산라인의 이전은 노조의 동의 없이 불가능하므로 울산지역 기존근로자의 일자리는 보전은 가능할 것으로 예측한다. 그러나 장기적 관점의 시장논리에서 사측은 생산원가가 동일한 상황에서 인건비 투입이 상대적으로 적고, 해당 지자체와 정부의 지원을 받을 수 있는 지역에서 연산 10만대 신규차종 투입을 통한 위탁생산의 실험을 마다할 이유가 없는 것이다.

광주시가 법인 자본금 7000억원 중 자기자본금(2800억원)의 21%(590억원)를 부담해 신설하는 독립법인에 현대자동차가 19%(530억원)를 투자하는 형태를 띨 것으로 보이는데, 나머지 자기자본금(1680억원)과 별도로 공장설립에 필요한 4200억원을 대출받아야 하고, 아직 공장이 없어 담보를 설정할 수 없는 상황에서 준공기업의 형태를 갖출 수밖에 없을 것이다. 이에 향후 합리적인 노사관계가 임금체계를 기반으로 지속적인 수익성을 확보하지 못한다면 이에 대한 지자체나 정부의 부담감이 커질 수밖에 없는 상황이다.

이미 울산지역은 장기간의 조선산업 불황이 지속되면서 대규모 구조조정이 일어나고 이에 따라 협력사에 대한 연쇄적 불황이 겹쳐지면서 대량실업이 발생함에 따라 동구를 중심으로 울산지역의 인구가 유출되면서 정주인구도 나날이 줄어가고 있다. 특히 2016년과 2017년의 경우 각각 7622명과 1만1917명의 인구가 더 유출된 것으로 나타나고 있으며 지역의 인구유출 현상이 뚜렷해지고 있으며 도시의 활력과 성장동력도 줄어들고 있다.

광주형 일자리 논쟁과 별도로 지역경제의 또 다른 버팀목이었던 자동차산업의 위기감도 2·3차 협력사로부터 시발되어 하루가 다르게 확산되고 있는 상황이다. 중소부품업체들의 어려움은 이미 국내 완성차업체들이 어려움이 시작된 2015년부터 본격화 되었으며 영업이익률도 3% 아래로 떨어져 수익을 내도 이자를 갚기도 어려운 상황이다. 특히 1차협력업체들의 매출 감소와 영업이익률 감소도 가속화 되고 있으며, 일부 1차 협력업체는 법정관리에 들어가거나 워크아웃을 신청하고 있는 상황이다.

광주형 일자리 문제로 지역 노사대립 상황에 대한 개선의 기미도 보이지 않는 현실에서 자동차산업은 단순히 원청기업의 매출이나 이익 하락에만 그치지 않고 지역경제 산업생태계 전반에 영향을 미친다고 하겠다.

지역사회 고용위기를 극복하기 위해서는 지역 노동시장 및 일자리 현황을 정교하게 분석하고, 이를 통해 지역산업과 연계된 민간 일자리의 양적 유지 및 신규창출 방안을 모색하고, 더불어 주력산업의 원하청 관계에 대한 실태분석과 이에 대한 노동시장 이중구조 개선을 위한 상생협력적 일자리 창출을 위한 일자리의 질적 개선이 필요하다.

광주형 일자리가 지역산업이나 일자리에 직·간접적인 영향을 미칠 수밖에 없는 상황을 인지하고, 지자체는 주체간의 대화와 상생의 플랫폼을 제시하고 노사, 시민단체, 전문가 등의 의견을 충분히 청취하여 울산에 맞는 지역경제 활성화 방안을 제시하길 기대한다.

지역 자동차산업의 위기 대응체계 구축 필요

2018.11.04.

울산지역 주력산업인 현대자동차의 3분기 실적을 놓고 최근 말이 많다. 어닝쇼크 수준이라는 불안감이 높아지는 가운데, 일회성 리콜 비용이 반영됐다는 점과 수소차로 넘어가는 과정의 투자를 근거로 재도약을 위한 성장통이라는 주장도 있으나, 글로벌 신용평가 업체와 시장은 전혀 다른 평가를 내놓고 있다. 1998년 IMF위기 후 20년 만에 현대차의 신용등급을 내렸으며, 계열사인 기아차 역시 부정적으로 조정했다. 글로벌 1위 신용평가사 S&P는 현대차 신용등급을 기존 A-에서 BBB+로, 무디스는 안정적에서 부정적으로 하향 조정했다. 국내 대표 신용평가사도 신용등급을 AAA로 조정했는데, 4분기 이후 사업실적이 기본전망을 밑돌 경우 신용도 하락이 추가될 것이라 발표했다. 더욱 유의할 점은 악화된 수익성이 향후 12~24개월 안에 크게 반등하지 않을 것이라는 글로벌 신용평가사의 전망이 있다는 것이다.

세계 자동차 시장동향을 살펴보더라도 신흥국의 약진에도 불구하고 미국, 유럽, 중국 등 주요국가의 판매량이 정체상태에 있으며 성장률도 하락 추세이다. 세계 자동차 판매대수 증가율도 2017년 2.5%에서 2018년 1.2%로 하락하고, 2008년 글로벌 금융위기 이후 최저 수준을 기록할 전망이다. 특히 유럽국가들도 증가세가 현저히 둔화되고 있으며, 미국은 2년 연속 감소 추세다. 울산지역 주력회사인 현대차의 지난해 실적을 살펴보면 725만1013대를 팔아 전년 대비 7%

판매량이 감소했다. 파업 등으로 인한 수출물량 생산 차질과 미국, 중국 시장 부진 등의 영향을 받았는데, 특히 중국 사드 보복조치로 인해 지난해 현대차의 중국 판매량이 31% 감소하기도 했다. 2015년 802만대 판매를 정점으로 2016년 780만대에서 지속적 하락 형국으로 올해 목표치인 755만대 달성도 위협받고 있다.

자동차산업은 생산 및 고용에 있어 큰 비중을 차지하는, 국가적으로도 핵심 주력산업이다. 국내 자동차산업의 생산액은 2016년 기준 197조원으로 전체 제조업 생산의 13.9% 수준을, 부가가치액은 57조원으로 11.2%를 차지한다. 국내 자동차 산업의 종사자 수를 살펴보더라도 2016년 기준 37만명으로 전체 제조업 종사자의 9.1%이다. 국내 생산 자동차는 60~70%가 수출되어, 2017년 기준 648억달러로 전체 수출액의 11.3%를 차지하고 있다. 특히 자동차산업은 전후방 파급효과가 커서 소재부품부터 서비스까지 5000여개 부품업체와 판매, 정비, 보험 등 연계산업에도 영향을 미칠 수밖에 없다.

최근 세계 자동차산업은 양적 성장이 둔화되는 가운데 파괴적 혁신이 가속되고 있다. 그러나 이러한 급격한 변화기에 자동차산업 생태계의 경쟁력을 점검하고, 미래를 위한 하청업체와의 상생 생태계 구조를 만들어야 하는 울산지역 노사민정의 고민이 부족한 것이 현실이다. 특히 영세한 자동차부품 기업은 R&D 투자가 제한적이므로 원청기업과 정부의 지속적 지원이 필요하며, 전장부품, 모터, 센서 등 첨단 부품산업 육성이 시급하다. 과기부가 발표한 자동차부품 기업의 매출액에서 연구개발비가 차지하는 비중은 0.98%로 전 산업 평균 3.16%에 비해서도 상당히 낮다. 울산의 자동차산업 공급사슬도 수직적 하청 관계로 부품업체 경쟁력이 부족하고 완성차업체 의존도가 80% 수준에 이른다. 자동차 패러다임의 변화에 따른 부품산업 육성 및 R&D지원 강화를 위한 지자체의 노력이 필요한 것이다.

2050년께는 내연기관 엔진 자동차 비율이 50% 수준으로 현격히 감소하고, 전기차 등 그린카가 차지할 전망이다. 이에 국제표준을 고려하여 미래 생산공장의 추가 유치도 필요할 것으로 판단된다. 완성차업체를 필두로 모듈-부품업체로 이어지는 강력한 수직적 구조에서 콘텐츠-플랫폼-네트워크-디바이스 분야 등 수평적 구조가 형성된다는 점도 중요한 변화다. 현재의 엔진, 파워트레인 등 소수 전문 업체들이 과점형태로 산업 내 지배력이 유지되는 체계에서, 향후에는 반도체, 디스플레이, 배터리, SW업체 등 전자·IT업체의 지배력 급성장할 것으로 판단된다. 내연기관 중심의 울산지역 중소·중견기업들의 사업모델 전환 및 기술고도화를 위한 지원책 마련도 필요한 것이 현실이다. 더 늦기 전에 미래차산업 경쟁력 강화를 위한 서비스 플랫폼 투자와 기술개발 역량을 위한 지원강화의 종합적인 대책마련이 절실하다.

생산인구 감소와 지역 고용환경 악화에 따른 대응방향 모색을

2018.08.27.

지난 17일 통계청이 발표한 7월 고용동향을 살펴보면 취업자 수는 2708만3000명으로 작년 동월보다 5000명 증가하는데 그쳤다. 이는 2010년 1월 마이너스 1만명을 기록한 이후 8년 6개월 만에 가장 적은 증가 폭이라 할 수 있다. 또한 실업자 수도 103만9000명으로 2017년 7월보다 8만1000명이 늘어난 것으로 나타나고 있는데, 실업자 수가 7개월 이상 연속으로 100만명을 넘은 것은 2000년 3월 이후 18년 4개월 만의 일이다.

연이어 19일 동남지방통계청이 발표한 7월 울산시 고용동향을 살펴보더라도 취업자 수는 56만8000명으로 전년 동월에 비해 1만9000명(-3.2%) 감소했으며, 고용률도 58.4%로 1.7%p 하락한 것으로 나타났다. 반면 실업자 수는 2만9000명으로 전년 동월에 비해 6000명(26.3%)이나 증가했는데, 특히 여자 실업자 수도 5000명(86.8%)이나 급증한 것으로 나타났다. 울산지역 실업자 수는 올해 4월 3만6000명을 기록했는데, 금융위기 시기인 1999년 8월에 기록한 2만8000명 이후 최고치를 경신하고 고공행진을 지속하고 있다.

울산의 7월 실업률은 4.9%로 17개 시도 가운데 1위를 기록, 전국 평균 실업률 3.7%보다 1.2%p 높은 수준이다. 더욱이 이러한 울산의 고용쇼크 영향은 주력산업인 조선, 자동차 등 제조업에 그치는 것이 아니라 지역 서비스업과 건설업 등 산업 전반에 확산되고 있다. 최근 수출부진 및 근로여건의 변화로 취업자 수가 급감하고 있으며, 이러한 현상은 실업자 증가 및 지역 인구의 외부유출에도 영향을 미치고 있다. 주력산업의 고용위기로 탈울산 행렬도 이어져 6분기 연속 감소하면서 통계청이 22일 발표한 7월 국내인구이동 현황을 보더라도 유입 1만120명, 유출 1만1135명으로 1015명이 한달간 순유출 되었으며 이는 서울 -1.1%에 이어서 전국에서 가장 높은 수준이다. 울산인구는 2015년 12월부터 시작해 32개월 간 2만6604명이 빠져나간 것으로 보고되고 있다.

그러나 서울의 경우 집값인상 등의 영향으로 수도권으로의 이주가 주된 원인으로 본다면 울산지역의 경우에는 제조업 생산 및 수출부진에 따른 소비침체와 고용악화로 일자리를 찾아 생산가능인구가 이동하고 있다는 점에서 분명히 차이가 있다. 특히 과거 성장기에 조선, 자동차, 석유화학 등 일자리를 찾아 전국 각지에서 울산으로 몰려들었던 인력들과 최근 공공기관 이전으로 거주를 결심했던 직원들과 가족들도 지역 경기악화 및 정주여건을 이유로 수도권 및 부산 등으로 역이주 하는 현상도 보이고 있는 것으로 나타난다.

물론 생산인구 감소도 고용여건 악화에 영향을 미치고 있는 것으로 보이는데, 상반기까지 울산의 출생아 수는 4200명으로 지난해 동일기간 보다 700명 감소했다. 이는 울산지역뿐만 아니라 전국적인 문제로 인구구조의 변화는 우리나라와 지역사회의 고용여건을 더욱 악화시키고 있다. 특히 15세이상 64세미만 생산가능인구는 2017년부터 감소가 시작되어 전년대비 1만명 감소하였고, 2020년에는 24만명, 2024년에는 34만명 급감할 전망이며, 2033년을 정점으로 생산가능인구 자체가 감소할 전망이다. 반면 65세이상 고령인구는 전년대비 31만명이 증가했으며, 베이비붐 세대가 진입하는 2020년에는 44만명이 급증해 2025년에는 총 1000만명을 초과할 전망이다.

울산지역 주력산업의 역군으로 활동하고 은퇴를 준비하는 5060 신중년 세대는 주된 일자리 퇴직 이후에도 72세까지는 일자리를 희망하고 있어 이들에 대한 직업능력개발 욕구도 동반 증가하고 있다. 고령화로 인한 성장동력 감소에 대한 대응을 위해서는 평생학습체계를 기반으로 지역대학 및 훈련기관을 통한 이들에 대한 지속적인 인적자원개발 체계 구축이 필요하다. 이와 함께 우수 노인고용기업 인증 및 지원, 은퇴자의 기술전수를 지원하는 세대통합형 일자리 도입 등으로 민간시장에서의 고령자 고용을 촉진하는 등 베이비부머, 전문직 은퇴자를 위한 사회공헌 일자리 유형을 도입할 수도 있을 것이다.

지역 주요산업의 부진과 하반기 기업 채용 및 인사관리 변화

2018.07.25.

대한상의에서 2200여 기업을 대상으로 조사한 결과 우리나라 경제의 주력산업인 자동차, 철강, 조선 등 제조업의 고용절벽 현상이 지속될 것으로 전망됐다. 특히 3분기 BSI가 2분기 97보다 10포인트나 떨어진 87로 보고되는데, 이는 지난해 4분기 85를 기점으로 올들어 이어졌던 BSI 상승세가 하락한 것이다. 특히 울산지역의 주력업종인 조선산업은 67로 2년 전 수주 절벽에 따른 실적 부진이 지속되고 있으며, 자동차산업 또한 75로 미국의 관세 인상과 보호무역주의 확대로 우려가 심화되고 있다. 또한 정유·유화는 이란쇼크 등으로 유가급등 및 산업부진 등으로 82라는 기준치를 크게 밑돌고 있는 상황이다.

상반기 국내기업의 구인 및 채용인원도 2011년 이후 7년 만에 감소한 것으로 나타났다. 이는 지난해 같은 기간에 비해서 1만7000명(1.9%) 수준이 줄어든 수치로 실제 채용한 인원도 전년대비 1.7% 수준 감소하였다. 특히 대기업보다 중소기업의 감소 폭이 컸으며 일할 사람을 구하지 못해서 어려움을 겪고 있는 중소기업이 여전히 많은 것으로 나타났다. 또한 기업규모가 작을수록 채용 여력은 더 떨어지는 것으로 보여지는데, 상용근로자 300인 미만 사업체의 구인인원은 66만명으로 전년 동기 대비 3.3% 감소했고, 실제 채용인원도 57만9000명으로 지난해 같은 기간보다 2.9% 줄어들었다.

2018년 하반기 채용규모를 두고 주요 기업들은 여전히 고민 중에 있는 것으로 보인다. 고용쇼크에 빠진 정부가 국내 일자리 창출을 주문하고 있지만 내수 증가세 약화와 미국, 중국 등 주요국가의 보호무역주의 심화로 수출 시장의 불확실성이 증대되는 등 대내외 여건이 녹록지 않은 상황에서 인력을 무작정 늘리기는 어려운 입장으로 보인다. 그러나 대통령까지 직접 적극적인 국내 일자리 창출 요청이 나온 상황에서 대기업들이 보수적 채용 계획을 세우기도 쉽지 않은 상황이다. 특히 지난해 삼성의 공채규모는 전년보다 30%이상 감소한 1만명을 밑도는 수준이었으나, 하반기 채용규모를 늘려 정부의 일자리 확대 정책에 부응할 것이라는 기대도 나오고 있다.

그러나 아직 주요 대기업과 중견기업들은 정확한 채용규모를 확정하지 못하고 있다. 이는 수출시장 개선이 이루어지지 않는 상황에서 인건비 부담을 늘리기 쉽지 않을 뿐만 아니라 미국과 중국 간의 무역전쟁이 확산되고 장기화 될 경우 기업 매출액도 동시에 감소할 수 있다는 우려가 상존하고 있기 때문이다.

한편 하반기 기업채용 및 인사부문에 가장 큰 영향을 주는 변화는 지난 7월1일부터 시작된 근로시간 단축이라 할 수 있다. 대기업 인사부서 이미 근로시간 단축의 부작용을 최소화하기 위해서 집중 근무시간 관리, 유연근무제 활성화, 설비투자 확대, 채용확대 등을 확대하고 있다. 근로시간 단축에 따라 기업은 추가채용 및 인건비 상승의 영향을 받을 수밖에 없는 상황으로 업무효율화를 강력하게 추진하고 기존 업무방식을 점검하고 근로문화 관행을 개선하려는 노력에 적극적일 수밖에 없는 것이다.

이렇게 기업마다 줄어든 근무시간에 맞추어 업무효율성을 강화하기 위해서는 근로관행의 개선이 필요하다. 중복회의를 점검해 불필요한 회의는 없애고, 회의시간도 절반 이하로 줄이는 등의 활동은 물론 보고서 만드는 시간을 줄이기 위한 전산화 및 표준화 등 스마트워크 시스템의 현장도입이 절실하다. 한편으로는 퇴근시간에 업무용 PC가 자동으로 꺼지게 설정하고, 업무종료 10분 전에 사내방송을 실시하기도 하며, 출퇴근 통근버스를 운영시간을 조정해 정시퇴근을 권장, 전사 연장근무 시간을 줄이는 등 근로자들의 워라벨 확산을 위한 기업의 노력도 병행되고 있는 것으로 나타났다.

하지만 노동생산성의 획기적인 향상과 더불어 기업의 노동유연성이 보장되지 않는다면 근로시간 단축으로 인해 중소기업의 경우에는 경쟁력 하락은 물론 생존자체가 위태로울 것이라는 일각의 우려도 있다. 근로시간 단축이 시행되면 매년 8조원 수준의 인건비가 추가로 투입되어야 하며 중소기업은 평균 6.1명의 인력이 부족하다는 주장도 제기되기도 하였는데, 현장의 생산성 개선되지 않은 상황에서 근로시간만 줄이게 된다면 기업 경쟁력과 국가 경제에 큰 타격을 줄 수도 있다는 것을 명심해야 할 것이다.

광주형 일자리와 산업수도 울산의 미래

2018.07.01.

금속노조 현대차지부는 올해도 임금협상 관련 쟁의발생을 결의했다. 7월초 전 조합원을 대상으로 파업 찬반투표를 진행하고, 임금협상이 제대로 되지 않는다면 교섭을 결렬, 파업 수순을 밟게 될 것이다. 사측은 이례적으로 12차 교섭에서 쟁의발생 전에 기본급 3만5000원 인상, 성과금 200% 및 100만원 지급 등을 담은 일괄제시안을 먼저 노조에 제시했으나 노조는 8+8시간 주간2교대제 완성과 보다 나은 임금인상안을 요구하고 있는 형국이다. 그러나 이러한 우리지역 주력 대기업의 임금협상을 바라보는 울산시민의 입장에서는 마음이 편치 않다. 특히 해마다 반복되는 이러한 소모적인 임금협상은 이제 노사와 하청업체는 물론 이제 지역경제에도 득이 될 것이 없다

특히 최근 광주시가 발표한 현대차그룹과 지역협력업체가 공동출자, 연간 10만대 규모의 자동차 생산법인을 만들겠다는 광주형 일자리 모델의 추진은 중장기적으로 울산의 주력산업인 자동차부문의 경쟁력에도 영향을 미칠 것으로 생각된다. 광주형 일자리 모델은 정부의 소득주도성장 정책과 맞물려 있고, 노동시장 이중구조를 개선하는 지역형 일자리 모델로서 발전할 가능성이 있어 해당 지자체는 물론 정부부처, 문재인 대통령까지 적극적으로 지원하고 있는 상황이다. 노동자들의 임금을 완성차업체의 절반 수준으로 낮추는 대신 지자체와 중앙정부가 노동자들에게 주택·육아·교육·의료 등의 서비

스를 지원해주는 내용으로 노·사·민·정의 대타협이 필요한 사안이기도 하다.

울산은 조선산업의 위기와 함께 주력 제조업의 침체로 정주인구가 해마다 줄어들고 있으며 최근 실업률도 큰 폭으로 증가하고 있다. 외부적으로는 미국 트럼프 대통령이 수입자동차에 관세를 최대 25%까지 부가할 수 있도록 하는 무역확장법을 고려하고 있는 상황으로 FTA 무관세라는 큰 틀이 유지되더라도 국내 완성차의 미국 수출물량의 70%를 공급하고 있는 현대차로서는 고율의 관세를 피하기는 어려울 것으로 관측된다. 지역경제의 버팀목이었던 자동차산업의 위기감도 하루가 다르게 커지고 있는 상황에 노사대립의 개선 기미 또한 보이지 않고 있다는 것이다.

비록 광주형 일자리 모델이 지역별 근로계약의 효력인정 등 법적 뒷받침이 없어 지방자치단체 주도의 합작법인이라는 형태로 시작한다는 점에서 태생적인 한계가 존재하고, 설령 광주에 공장이 들어서더라도 현대자동차 단체협상 규정상 울산공장의 기존 생산라인의 이전은 노조의 동의없이 불가능하다는 조항으로 단기적으로 기존근로자의 일자리는 보전된다는 주장도 제기되고 있으나 장기적인 관점에서 바라보면 생산원가가 동일한 상황에서 인건비가 비교적 싸고 지자체와 정부의 지원을 받을 수 있는 광주에서 신규차종을 투입을 통한 위탁생산에 적극적일 수밖에 없는 것이 기업경영의 논리일 것이다.

광주시는 현재 현대차에 생산을 직접 위탁하는 방법이 아닌 합작법인을 통해 우회적으로 투자하는 방안을 검토 중이다. 합작법인 설립을 위해 필요한 출연금을 광주창조경제혁신센터에 출연, 이를 합작법인에 지분으로 투자하도록 하는 방안이다. 광주시는 센터가 중견기업 설립에 필요한 투사가 가능하도록 중소벤처기업부와 협의를 마치고 이미 정관을 변경한 바 있다. 투자금의 80%를 시가 책임져야 하는 상황과 독립법인과 현대차와의 애매한 관계 등을 해결해야 하겠지만 광주시 출연금 규모는 최소 530억원 이상, 2대 주주로 참여할 현대차의 투자는 예상사업비 7000억원 중 자기자본금 2800억원의 19%인 530억원 수준으로 예측하고 있다.

독일의 슈투트가르트는 벤츠, 포르쉐 등 자동차산업의 중심지로서의 명맥을 유지하고 있다. 1990년초 일본, 한국 등 아시아 자동차 업체의 급부상으로 수출이 감소하면서 위기를 맞기도 하였으나 지자체 및 노사, 시민단체 등이 네트워크를 구성하고 양보와 타협을 통한 지역경제 활성화 방안을 마련했고 결국은 재도약을 이루어 냈다. 산업수도인 울산시민으로 노사상생형 일자리 모델을 발전시키겠다는 광주시를 바라보면서 지역경제의 미래와 청년의 일자리를 걱정하는 것은 과연 기우일까 시민들에게 물어보고 싶다.

동구지역 산업위기대응 특별지역 지정과 향후 과제

2018.05.31.

정부는 지난 29일 정부서울청사에서 열린 산업경쟁력강화 관계장관회의에서 울산 동구를 포함해 경남 거제, 통영·고성, 목포·영암·해남, 창원 진해구 등 5곳을 산업위기대응 특별지역으로 지정했다. 신규 지정한 지역에 대해서는 희망근로사업과 조선기자재업체를 대상으로 특별보증을 추가로 지원해 일자리지원을 강화하겠다고 밝히고 있다. 해당지역 산업에 대한 지원은 물론 지역 관광콘텐츠를 활용한 인프라 조성 등 지역별 특화산업을 최대한 지원하겠다는 계획인데, 향후 1년간 산업위기대응 특별지역 지정에 따른 필요 예산을 9336억원으로 보고 있다. 당장 지원이 급한 과제를 위한 예산은 21일 국회를 통과한 추경예산에 담고 있다.

울산지역 인구는 2015년부터 1만4082명 감소했다. 동구지역 인구는 같은 기간 5358명이 감소하는 등 울산 전체 감소 인구의 38%를 차지하고 있으며, 경기 불황으로 소비심리도 크게 위축됐다. 2017년도 4분기 소매판매 증가율이 -1.9%, 16개 시도 중 15위로 전국 평균 2.9% 증가와는 대조적인 현상을 보이고 있다. 지역주민은 지역경제 위기극복 희망을 갖고 버티고 있는 상황이나 금융비용 부담이 크게 작용하고 있으며, 산업부문에 대한 지원도 중요하지만 소상공인에 대한 지원이 절실한 상황이다.

산업위기대응 특별지원 대책을 살펴보면 소상공인 및 중소기업을 대상으로 특별경영안정자금 투입을 통해 금융우대, 창업 및 취업지원, 세금납기 연장, 체납처분 유예연장, 신규투자 세제 지원 등을 받을 수 있도록 시행한 측면에 있어서는 자금난에 시달리고 있는 협력업체에게 단기간에는 도움을 줄 수 있을 것이라 기대된다. 특히 지역 소상공인에 대한 대출지원 등은 효과를 기대할 수 있을 것으로 판단되는데, 노동의 이동이 어려운 여성, 고령자, 비숙련기술자 등에게는 단기적으로 긍정적인 효과가 기대된다. 또한 전문가들의 예측과 같이 조선업 경기가 2019년부터 회복될 경우 산업위기대응 특별지역 지정이 긍정적으로 작용할 것이라 기대된다.

그러나 정부와 지자체는 현장의 의견을 충분히 수렴해 단기적인 산업위기대응 지역에 대한 지원보다는 조선해양산업 중심의 지역경제로 구조조정의 어려움을 겪고 있는 지역에 대한 중장기적인 대책과 노력이 필요한 상황이다. 또한 산업위기대응 특별지역 지정이 노동시장에 미치는 부정적 효과에 대한 분석도 필요할 것이다. 조선해양산업 숙련인력의 유지와 호황기의 선점효과 및 수주에 유리한 인력확보 등 단기실업 절감 및 실업구제 대책으로서의 효용성은 강화될 것으로 보이나 만약에 조선경기 불황이 지속될 경우에는 직종 및 산업 전환을 통한 지역 신성장산업으로의 성장을 더디게 할 우려도 있다. 즉 정부의 재정지원이 자원배분 왜곡 현상을 가능하게 하여 더 좋은 일자리를 창출할 수 있는 기회를 막을 수 있다.

또한 동구의 이러한 상황이 울산시 다른 지역으로도 확산될 우려가 충분이 있는 상황으로 산업위기대응 제안사업을 충분히 검토하여 산업전환이나 구체적인 방향성이 미흡한 추진사업에 대해서는 재검토할 필요성이 있다. 개별 예산사업의 충분한 명분이 필요할 것이며, 세부 사업내용이나 대체산업 등 방향성에 대한 구체적인 제시가 필요하다. 바로 수행할 수 있는 단기사업과 산업진흥사업으로 구분하여 실직자 안정과 과도기의 어려움을 극복할 수 있도록 체계적인 사업계획의 추진이 필요할 것이다. 6·13 지방선거를 앞두고 지역후보들이 다양한 공약을 내놓고 있으나 울산지역의 위기와 일자리 유지, 창출과 관련하여 충분히 고민한 공약을 찾아보기는 어렵다. 지역 일자리 창출을 위해서 예비후보들은 지금이라도 산업과 고용현황을 충분이 분석하고 이를 토대로 예산의 효용성을 충분히 검토하여 심도 있는 논의를 통한 시민들의 이해와 지지를 끌어내기를 희망한다.

청년 일자리 창출과 중소기업 인력난 해소를 위한 과제

2018.04.29.

2008년 이후 정부의 일자리 사업 재정투자는 2배 이상 늘었으며 연평균 10퍼센트 이상씩 증가하고 있다. 현 정부에서도 어려운 고용여건을 감안해 일자리 창출과 고용안정을 위한 예산을 더욱 확대하고 있는 상황이다. 우리나라의 고용률은 꾸준히 증가하고 있으나 선진국에 비하면 여전히 낮으며, 지속적인 정부 예산투입에도 실제 현장에서는 일자리 사업 효과가 저조하다는 평가와 함께 국민들이 체감하는 고용사정도 악화되고 있다. 2018년 4월 발표한 청년실업률은 11.6%로 전체 실업률 4.5% 대비 2.6배에 달하는 등 청년층 일자리 문제는 여전히 해결되지 않고 있으며 일본, 독일, 미국 등 OECD 국가에 비해 높은 상황이다. 2018년 3월 고용보험 가입자는 1298만명으로 전년동월대비 29.7만명 증가하면서 안정적인 증가흐름이 지속되고 있으나 조선업 구조조정, 자동차 업황부진 등으로 제조업에서 3000명의 가입자가 감소하고 보건복지업, 도소매업, 숙박음식업 등에서 가입자가 지속적으로 증가하고 있다.

문재인 대통령이 청년실업 해소를 위한 특단의 대책을 각 부처에 요구하고 재정, 조세, 금융, 규제 등 모든 정책수단을 활용해 이 문제를 해결하겠다고 적극적으로 나서고 있으나 민간기업의 높은 비정규직 비중 등 고용의 질도 여전히 낮으며, 대기업과 중소기업간 노동시장 내 양극화도 더욱 심화되고 있는 상황에서 근본적인 사회경제적인 문제에 대한 해결책이 필요하다. 또 일자리 창출 측면에서 많은 정책이 만들어졌으나 여전히 질보다 양에 초점이 맞춰져 있다. 고교를 졸업하고 대학 및 직업교육을 이수한 25~35세의 고학력 청년 비중이 OECD가입국 중에서 가장 높은 우리나라의 특성은 취업준비 단계부터 부채를 지게 돼 있는 사회구조적 문제를 야기하고, 고임금, 고용안정이 필요해진 청년들은 자연스럽게 대기업과 공기업, 공무원 등 안정적인 직장을 선호하고 중소기업을 멀리하는 사회적 풍토는 청년만의 책임이 아니다.

정부는 지난 3월15일 청년취업 지원을 위해 4대 중점 추진과제를 내놓았다. 취업 청년 소득·주거·자산형성 및 고용증대기업 지원강화, 창업활성화, 새로운 취업 기회 창출, 즉시 취·창업할 수 있는 실질적 역량 강화 등이다. 300인 미만 중소기업이 사업체의 99.8%, 종사자의 85.5%를 차지한다는 점을 고려할 때 성장 가능한 유망업종 중소기업을 중심으로 지원한다는 측면에서는 단기적인 효과성이 분명 있을 것이다. 특히 청년내일채움공제는 중견·중소기업에 청년이 3년 동안 장기 근속할 경우 청년, 기업, 정부가 매칭하는 방식으로 만기공제시 3000만원의 목돈을 마련하는 제도이다. 다만 정부와 기업이 청년근로자의 임금을 추가적으로 보전하므로 취업유인은 실질적 증가하지만 임금 적립분에 대해 3년 근속 후에나 수령이 가능하므로 즉각적인 임금보전에는 한계가 있다. 청년 스스로가 600만원, 기업은 고용보험지원을 받아 600만원, 정부가 1,800만원을 지원하는 제도이다. 기존 중소기업 재직자는 5년간 근무하면 약 3천만원의 목돈을 마련할 수 있는 내일채움공제를 신설하였는데, 청년이 5년간 720만원, 기업이 5년간 1500만원, 정부가 3년간 720만원을 납부하도록 되어 있다. 그러나 자금사정이 어려운 중소기업이 연간 300만원의 추가비용을 지불하면서까지 참여하는 유인을 이끌어 낼 수 있을 것인지가 관건이다.

청년 실업률 등이 빠르게 증가하고 있다는 점을 감안할 때 단기성과 중심의 재원을 투입하는 것도 필요하다. 그러나 청년과 취약계층을 위한 일자리 창출은 중소기업의 경쟁력 강화에서 시작될 수 있으며, 고용서비스체계 개편 및 취업알선, 직업능력개발 등의 다양한 활동을 통해서 구인기업과 구직자를 연결시킬 수 있는 플랫폼을 제공하는 것이 기반이 되어야 할 것이다. 또한 수요자 관점에서 각 부처와 지자체에서 추진하고 있는 유사한 고용안정 지원사업을 통·폐합해 숫자를 줄이고 백화점식의 지원정책 제시 대신에 실질적으로 지역 중소·중견기업에 도움이 되고 청년 및 취약계층의 고용확대를 통한 삶의 질 향상에 기여할 수 있는 핵심사업을 선정하여 이를 집중적으로 지원하여 일자리 사업의 효과성을 제고하는 노력이 필요하다. 정부에서 제시하는 일자리 정책을 지역기업에서 활용하기 위해서는 지자체도 중앙정부가 제시하는 정책을 보다 면밀히 분석하고 지역산업별 특성과 인구, 성별 등을 충분히 고려해 어떻게 일자리 미스매치를 해결할 수 있을지 지역기업 노사정이 함께 고민해야 할 것이다.

정부의 해외취업 지원과 개선과제

2018.03.28.

최근 정부나 대학에서 제공하는 교환학생 프로그램이나 인턴십을 통해 글로벌 경험을 쌓은 청년층의 해외진출 수요가 크게 증가하고 있다. 특히 해외취업을 희망하는 청년과 구직수요가 일본과 베트남 등 아세안 국가를 중심으로 늘어나고 있다.

일본은 청년인구가 2021년에는 172만명이 감소할 것으로 예측하고 있으며, 베트남은 현지 진출 외국기업의 해외투자가 급증하는 등 아시아 신흥국을 중심으로 관리직과 고급인력의 부족현상이 발생하고 있다. 해외 구인기업은 전문지식 및 경력을 기반으로 해당 국가의 언어와 공용어인 영어 능력을 보유한 인재를 선호하고 있으며, 최근에는 사무직종 보다 4차산업혁명과 연관된 IT직종 및 공학분야를 선호하는 경향이 뚜렷하다.

동남아시아 지역은 여전히 K-Pop 열풍, 국내기업의 해외진출 확대 등에 따라 우리나라의 위상이 높아지고 있어 우리 청년들이 세계무대로 진출할 수 있는 유리한 여건이 조성되고 있는 것이 사실이다. 그러나 청년들의 이러한 해외진출 욕구는 초기의 어학능력 향상, 주거비 및 생활비 부담 등으로 장애요인이 되고 있다. 정부는 청년의 도전적인 해외진출을 지원하기 위해 그 동안 각 부처에서 산발적으로 추진되던 해외진출 프로그램을 통합해 K-Move 사업을 추진하고 있다.

해외 구인수요에 부합하는 연수프로그램의 제공과 적합 구직자 확보, 양질의 해외 일자리 발굴 등을 통해 대한민국 청년의 해외노동시장 진출기회를 확대함으로써 글로벌 경쟁력을 강화하고 청년실업률 완화에 기여하는데 그 취지가 있다. 최근에는 일본 및 동남아시아를 중심으로 청년들의 해외 취업을 집중적으로 지원할 계획을 발표했는데, 해외연수·취업 연계과정인 K-Move 스쿨 사업을 개선, 지원액을 더 늘리는 형태의 프로그램을 신설하기도 했다. 이는 해외 구직자에게 1인당 1500만원 한도에서 연수비를 지원하고 고임금 취업처를 발굴하겠다는 내용과 장기 해외봉사단을 확대하겠다는 계획도 포함돼 있다. 그러나 해외취업 지원을 위해서는 해외에 눈을 돌리고 있는 구직자들의 관심과 특징을 살펴보고, 이를 통해서 해외취업의 구직자들이 실제 현지에서 생활하면서 느끼게 되는 인식 차이와 문제점을 고려할 필요가 있다.

한국산업인력공단과 잡코리아가 공동으로 실시한 취준생 및 구직자 대상으로 해외취업 선호도를 조사한 결과를 보면 응답자 중에서 90% 이상의 응답자가 해외취업에 관심을 보이는 것으로 나타났다. 해외취업을 하려는 이유로는 해외기업의 업무강도가 상대적으로 약하고 복지가 잘되어 있으며 조직문화가 자유롭다고 생각하는 등 전반적인 근무환경이 국내기업보다 좋을 것이라고 기대 때문이었다. 한편 외국어 능력 향상, 해외생활에 대한 동경, 국내 취업의 어려움, 경력개발 등의 순서였고, 높은 연봉이나 해외이민에도 관심을 가지고 있는 것으로 나타났다.

그러나 현실은 청년들이 선호하는 미국, 호주, 유럽 등의 선진국은 실질적으로 외국인에 대한 까다로운 비자정책으로 문턱 자체를 넘어서기 힘든 상황이다. 특히 미국의 경우에도 양질의 일자리가 부족한 것은 한국과 마찬가지로 저임금일자리는 이미 흑인이나 히스패닉 청년들이 많이 취업하고 있고, 모두가 희망하고 있는 제조업과 IT업종 등 양질의 일자리로 진입하기 위해서는 현지인들과 직접 경쟁을 할 수 있는 전문적인 해당분야 직무능력과 외국어 실력을 갖추고 있어야 한다. 실제 취업을 위해서는 한상기업을 활용하는 것이 현실적인 방안이지만 이미 현지인 고용을 선호하고 소수의 관리자들을 채용하고 있는 한상업체의 특성상 취업이 녹록지 않은 상황이다.

해외취업을 확산하고 실질적인 구직 희망자들에 대한 지원을 위해서는 언어능력 향상을 포함한 국가 및 개인별 맞춤형 프로그램을 운영하는 것이 필요하다. 보다 효과적인 취업연계를 위해서는 지역특성화고 및 일반계고의 해외취업 관심학생을 조기발굴하고 폴리텍대나 전문대학과 연계한 국가별, 직종별 맞춤형 인재양성 프로그램을 개발할 필요가 있다.

특히 전문기술 및 자격을 요구하는 선진국의 경우에는 부족직군이나 직종을 중심으로 중장기적인 취업 진출전략을 모색하고, 현지의 기술대학과도 연계해 사전 및 현장 교육훈련을 통해 체계적인 취업지원 노력이 필요하다. 한편 해외취업 경험을 공유할 수 있는 온·오프라인 네트워크 플랫폼의 제공도 필요하다. 양질의 취업정보를 구직자들에게 효과적으로 공유하기 위해서는 현지기업, 해외진출 한국기업, 한상기업, 한인회, 해외공관, 지역사회, 대학, K-Move센터 등과 함께 현지 국가 고용네트워크를 구축하는 것이 필요하다.

조선업에 이은 주력산업의 위기, 진정한 상생으로 극복해야

2018.02.26.

최근 정부는 한국GM 군산공장 폐쇄 관련 여파 및 청년일자리 대책과 관련해 추경 편성도 배제하지 않겠다는 의지를 밝혔다. 지난 13일 GM이 군산공장 폐쇄를 결정하면서 근로자들의 반발 수위도 높아지고 있으며 협력업체의 피해와 지역경제에 미치는 우려도 점차 현실화되고 있다. 지난해 현대중공업 군산조선소 폐쇄 이후 이미 한번의 어려움에 내몰린 지역 상황에서 근로자 수가 3배나 많고 136개 하청업체를 거느리고 있는 GM 군산공장이 문을 닫는다면 가족까지 포함한 5만여명의 생계와 성장 동력을 완전히 잃게 돼 지역의 미래가 불투명해지기 때문이다.

정부는 지난 20일 군산지역을 산업위기 대응 특별지역으로 지정하고 실업, 취업, 고용안정 등 종합지원을 위해 고용위기지역으로 지정하기 위한 긴급 절차를 밟고 있다. 일자리 창출을 최우선 국정과제로 제시했던 상황에서 난감할 수밖에 없는 상황이다. 일부 전문가들은 고용위기지역 지정 등이 GM 군산공장 폐쇄를 전제로 경제적 충격을 완화시키려는 중간단계 조치는 될 수 있으나 근본적인 해법은 아니라는 비판도 제기되고 있다.

군산의 이러한 상황은 조선업종 위기와 최근 자동산산업의 침체 등 우리지역의 상황과도 무관하지 않다. 울산도 조선업의 해양플랜트 분야 손실 증가 및 신규수주 급감 등 극심한 조선업 불황이 지속되는 등 동구지역 경제 상황이 악화되면서 고용위기지역 지정절차를 추진하고 3월 정식으로 신청할 계획이다. 고용위기지역이란 고용정책기본법에 따라 고용사정이 현저히 악화된 지역을 말하는데 동구는 평균 고용보험 피보험자가 2014년 7만1972명에서 2017년 5만2815명으로 26.6%가 줄어드는 등 이에 대한 요건이 충족된다.

조선업 경기 회복도 단기간에는 불가해 더 많은 퇴직자가 사내외 하청업체를 대상으로 발생할 것으로 보이며, 이에 대한 정부와 기함기업인 현대중공업의 상생을 위한 정교한 대책마련 노력이 필요하다. 현대중공업도 실적 악화로 구조조정과 임원감축, 희망퇴직, 경영개선계획 발표, 분사 등 뼈를 깎는 강도 높은 대책을 진행하고 있으나 40%에 달하는 사내외 조선업 하청업체 근로자와 가족들은 수십년간 일한 삶의 터전을 갑자기 잃고 다시 일어서기 위해 일자리를 찾는 심정과는 비교할 수 없을 것이다. 더구나 아직 조선업에 종사하고 있는 일부 하청업체 근로자들은 낮은 기성단가와 주당 근로시간으로 실질급여가 최저임금에도 겨우 미치는 것으로 나타난다.

한편 자동차산업도 글로벌 시장에서의 경쟁 심화, 내수시장 수입차 판매 증가, 원화가치 상승과 엔화가치 저하, 노조파업과 통상임금 사안 등으로 현대자동차의 국내외 시장점유율은 지속적으로 낮아지고 있는데, 이러한 추세가 지속된다면 울산공장의 자동차 생산 위축은 물론 이로 인한 장기적인 지역 고용감소의 우려도 있다. 한국자동차는 아직 일본과 독일의 경쟁사만큼 고급화 이미지를 얻지 못한 상황이고, 품질측면에 있어서는 중국자동차와 격차가 줄어들다 보니 생산량 800만대에 이르기까지 줄곧 성장하면서 역사를 써가던 한국자동차업계의 판매 둔화는 노사 모두 당황스러울 수 밖에 없을 것이다.

특히 대기업의 해외 이탈로 양질의 일자리와 중소기업의 납품 물량이 줄어드는 상황에서 현대자동차의 국내 생산비율도 지속적으로 하락, 30% 대에 머무르고 있다. 노사 간의 반목과 고임금·저생산성, 연례 행사처럼 진행되는 파업 등이 이대로 관성화된다면 세계 최대 자동차 생산기지로서의 울산의 명성도 사라지고 결국에는 소비자들도 등을 돌리고 말 것이라는 것을 명심해야 한다.

지역 대기업 노사는 자신의 이익만을 추구하는 것이 아니라 사회적 책임과 함께 우리 자녀들의 미래 일자리를 지키기 위한 상호간의 신뢰와 양보의 정신이 필요하다. 함께 공존하고 있는 하청업체에 대한 진정 어린 상생협력의 실천을 행동으로 보여야할 시기인 것이다. 최근 주물제조협회는 대기업이 납품단가를 인상을 해주지 않는다면 협회 회원사들이 공장 가동을 전면 중단하겠다는 성명을 내기도 했다. 금형·도금·용접과 같은 뿌리산업은 대표적인 3D(difficult, dirty, dangerous) 업종으로 저임금에 인건비 비중도 상대적으로 높은 특성을 가지고 있다. 작년에만 대기업에서 납품 단가를 두 번이나 깎았다는 어느 영세사업장 대표의 힘없는 외침이 더 이상 대답 없는 메아리가 되어서는 안될 것이다.

최저임금 인상의 영향과 지역의 과제

2018.01.24.

최저임금 인상과 정부 지원 대책 발표에 따라 지역에서도 현황파악과 대책마련을 요구하는 목소리가 높아지고 있다. 최저임금 인상이 지역 고용 및 노사관계에 미치는 영향을 분석하고 지역 차원의 대책마련이 시급하다. 최근 정부에서는 영세소상공인, 기업의 부담 경감을 목적으로 일자리 안정자금 시행계획을 발표하는 등 다양한 직접 지원 및 비용구조 개선, 세금 부담 및 분담금 완화 정책을 고려하느라 분주하다. 그러나 지역의 특성을 고려한 최저임금 인상 안착을 위해서는 파생되는 영향력을 분석해 최저임금 인상의 취지에 맞게 중소기업, 영세소상공인이나 저임금근로자들의 삶의 질을 개선하기 위한 종합대책 마련이 필요한 시점이다.

최저임금제도는 일정 금액 이상의 임금을 모든 산업의 근로자에게 지불하도록 법적으로 강제하는 제도로서 1894년 뉴질랜드에서 가장 먼저 시작되었으며 미국, 영국, 프랑스, 독일, 일본 등 거의 모든 전 세계 국가에서 시행하고 있다. 우리나라는 1986년 최저임금법 제정 및 공포와 1987년 헌법 개정으로 헌법 및 법적 근거를 마련해 1988년부터 최저임금제도를 시행하고 있다. 최저임금법은 헌법 제32조 제1항에 의거해 적정임금보장 의무, 최저임금실행의무 등을 법령에 정하고 있으며, 제4조에 의거해 근로자의 생계비, 유사근로자 임금, 노동생산성 및 소득분배율을 고려하여 정하고 있다.

최저임금 미만 근로만을 대상으로 분포의 특성을 살펴보면 성별로는 여성, 연령대별로는 60대 이상, 규모별로는 소규모 사업체, 업종별로는 소매업 또는 음식숙박업체에 최저임금 미만 근로자들이 많이 분포하고 있다. 최근 경제활동인구조사에 따르면 여성 임금근로자의 19.4%, 60대 이상 근로자의 41.9%, 1~4인 사업체 종사자의 33.6%, 음식숙박업의 35.5%가 최저임금 미만을 받고 있는 것으로 파악된다. 고용형태별 근로실태조사를 보더라도 여성 임금근로자의 10.0%, 60대 이상 근로자의 14.4%, 1~4인 사업체 종사자의 16.9%, 음식숙박업의 17.1%가 최저임금 미만을 받고 있는 것으로 나타난다. 그러나 이러한 현황 등도 지역별 인구 및 산업의 특성에 따라 분명히 차이가 있을 것이다.

노사 요구에 따라 최저임금위원회 내 제도개선 논의도 지속되고 있는데 최저임금 산입범위, 업종·지역별 등 구분 적용, 가구생계비 계측 및 반영 매커니즘, 최저임금 인상이 소득분배 개선 및 저임금 해소에 미치는 영향, 최저임금 결정구조, 최저임금 준수율 제고 등이 주요 내용이다. 특히 최저임금 산입범위와 관련해 논란이 많은데 현재의 산입범위는 기본급과 통상적 수당만 포함되고 있으나 경영계는 정기상여금과 현물급여를 포함하는 수준으로 확대해달라는 요구와 지불능력이 떨어지는 업종과 지역에 최저임금을 차등적으로 적용해달라는 요구 등이 있다. 노동계에서는 현장에서의 최저임금 미준수율을 개선하기 위한 실효성 있는 대책 등을 요구하고 있다.

최저임금인상은 여성, 비정규직, 영세사업장 등 사각지대에 고통받고 있는 근로자에 대한 효과적이고 실질적인 생활임금 확보수단이라고 할 수 있다. 특히 하위소득계층의 소득상승을 통해 빈곤을 축소하고 소득분배를 개선해 임금소득불평등도를 낮추는데 있다. 최저임금 인상의 본 취지를 살리기 위해서는 임금체계의 정상화라는 관점에서 노사정이 협력적 논의해야할 과제이다. 상당한 보수를 받고 있는 대기업 근로자만이 수혜자가 되는 제도를 시정하고 제도의 본 취지에 맞추어 저임금 근로자들을 어떻게 보호하고 지원할 것인지에 대한 충분한 논의가 필요하다. 또한 정부는 사회보험이나 국민기초생활보장제도의 혜택을 받지 못하는 저소득 근로자들에게 생계비를 보조하는 근로장려세제(EITC) 등에 대한 검토를 통해 고용촉진형 근로빈곤 정책을 적극적으로 활용해 효과적으로 소득분배 개선이 필요하다.

최저임금 인상의 부작용만을 바라볼 것이 아니라 제도가 우리사회에 어떻게 안착할 수 있을까에 대한 논의를 노사정이 함께 해나가야 할 시점인 것이다. 지역 산업의 외적 성장에도 불구하고 저임금, 비정규직, 하청업체 부담 전가 등으로 고용의 질적 성장이 이루어지지 않고 양극화 되어 있는 노동시장의 이중구조를 어떻게 개선해 나가야 할지 머리를 맞대어 함께 풀어내야 할 것이다.

무술년 새해 지역 주력산업과 고용 전망

2017.12.31.

정부는 지난 12월27일 대통령 주재 국민경제자문회의 겸 경제관계장관회의를 개최해 '2018년 경제정책방향'을 확정, 발표했다. 세계경제 회복세 확대로 수출중심의 성장세 지속이 예상, 일자리, 소득주도 정책에 따른 가계소득 확충 및 혁신성장 본격화 등을 통한 성장세를 뒷받침하겠다는 계획이다. 반도체 등 일부업종은 역대 최고 수출 등 호조세를 예상했으나 지역경제를 견인해 온 조선, 자동차 등 주력 제조업은 지속적인 부진을 예상했다.

울산은 1962년 공업센터 지정 이후 자동차, 조선해양, 석유화학 등 3대 산업이 지역 주력산업으로 성장했다. 국가산업의 중요한 위치를 점하고 있으며, 지역에서도 소득, 일자리, 인구 등의 측면에서 크게 기여하고 있다. 그러나 최근 울산의 3대 주력산업은 경제환경의 변화 등으로 지금까지의 위상과는 달리 점차 성장의 한계를 보이고 있다. 일부 산업은 이미 일자리 및 인구 감소는 물론, 지역 경제 전반에 악영향을 미치고 있다.

조선업의 경우 해양플랜트 분야 손실 증가 및 신규 수주 급감으로 현대중공업과 현대미포조선의 실적이 크게 악화되고 있다. 영업이익은 흑자 전환되기는 했으나 구조조정은 여전히 진행 중이다. 최근 울산의 조선업 인력은 2014년에 비해 약 1만1000여 명이 감소했고, 40%에 육박하는 사내외 하청업체가 문닫은 것으로 집계되고 있다.

이 같은 상황에서 현대중공업은 임금반납, 배치전환, 임원감축, 희망퇴직, 경영개선계획 발표, 분사 등의 강도 높은 대책을 진행하고 있다. 향후 조선업 경기 회복이 더딜 경우 더 많은 퇴직자가 사내외 협력업체를 대상으로 발생하게 될 것으로 우려된다. 최근 실적 개선 등으로 인한 경기회복의 기대감이 형성되고 있으나 수주에서 건조까지의 소요기간 등을 감안할 때 2018년까지 어려운 상황은 지속될 것으로 전망된다.

한편 자동차 분야는 국내외 자동차 판매 증가가 꾸준히 이어져 2017년 상반기까지는 지역 업계의 큰 어려움은 없었다. 그러나 최근 글로벌 경쟁심화, 국내시장에서의 수입차 판매 증대 등으로 국산자동차의 시장점유율은 지속적으로 감소하고 있다. 이러한 추세가 지속될 것이라는 전망 속에서 자동차 생산 위축과 이로 인한 장기적인 지역 고용 감소의 우려가 있다. 국내 자동차시장의 수입차 판매비중이 계속 증가하고 있는 현실에서 지역 대표기업인 현대자동차의 국내 생산 및 판매비중은 줄어들게 될 것이라는 것이 전망이다.

지역 전체 고용에서 차지하고 있는 비중이 3대 주력산업 가운데 가장 낮지만 가장 높은 부가가치를 창출하고 있는 석유화학도 마찬가지다. 울산의 석유화학 종사자수는 14.6%로 자동차, 조선에 비해 크지 않지만 생산액과 부가가치는 각각 55.4%, 40.3%의 높은 점유율을 차지하고 있다. 아직까지 후발국에 비해 범용제품 생산 및 신기술 응용능력은 높은 수준이나 고부가가치 제품에 있어서는 선진국 수준에 미치지 못하고 있는 현실로, 중국의 석유화학제품 생산시설 확충 및 산유국들의 제품 제조시설 구축 등으로 가격 경쟁력 약화가 우려되고 있다.

이처럼 울산 3대 주력산입의 일자리 창출 능력은 이미 정점에 달해 있는 상황으로, 향후 경제상황의 개선이 있더라도 추가적인 대규모 고용은 더 이상 어려울 것으로 예상된다. 1997년 외환위기 이후 지역 주력산업의 지속적인 성장이 있었음에도 양질의 일자리보다는 저임금, 비정규직, 하청업체 부담 전가 등으로 고용의 부담을 줄이는 방향으로 전개 되었고, 지역 산업의 외적 성장에도 불구하고 이에 부합하는 형태의 고용의 질적 성장은 이뤄지지 않았다. 대중소기업 간의 수익성, 임금, 설비투자 격차 등도 지속적으로 확대되고 있다. 지금까지와 같은 3대 주력 제조업 성장에 따른 일자리 창출은 더 이상 어려울 것으로 전망되며, 위기가 발생한 조선업 이외의 자동차, 석유화학 등에서도 잠재적 위험이 존재하고 있다. 특히 장기적인 관점에서 양질의 새로운 일자리 확보가 뒷받침되지 않을 경우에는 실업률 상승은 물론 인구의 대거 유출로 인한 지역 경제와 사회 전반의 침체를 경험하게 될 수도 있음을 명심해야 한다.

암울한 조선업종 경기전망, 조선업희망센터는 어디로

2017.11.29.

여전히 울산지역의 경기는 부진세가 지속되는 모습으로 조선 및 금속가공 등을 중심으로 제조업 생산이 감소하고, 대형소매점판매의 감소세도 지속되고 있다. 특히 실업률은 상승하고 고용률은 하락하고 있는 모양새다. 한국기업평가는 수주잔고의 급격한 감소로 현대중공업과 미포조선의 사업 안정성이 저하되었다는 점을 고려해 동 조선업체들의 신용등급을 A-, BBB+로 하향 조정한 상황이다. 2017년 상반기 수주 실적은 38억 달러로 전년 동기 대비 증가했으나 수주 증가폭은 전년 상반기의 극심한 침체에 의한 기저효과로 아직 회복세라 보기는 어려운 것이 현실이다.

이러한 상황에서 우리지역 대표기업인 현대중공업은 사측의 인력 구조조정 및 임금 삭감, 유휴인력 문제 해결을 위한 순환식 휴업 방침에 노조가 반발, 노사갈등이 심각한 문제로 제기되고 있다. 사측은 고통분담에 노측이 협조하지 않아 휴업 등이 불가피하다고 주장하고 있으며, 노측은 고정연장근로, 휴일 특근을 폐지하며 고통 분담을 하고 있는 상황에서 사측이 고용불안까지 야기한다는 주장이다. 정부의 조선업특별고용업종지정 연장 등 자구책 마련과 일시적 수주실적 개선에도 불구하고 울산지역 조선업계는 신규 수주량 및 수주잔량의 감소에 따른 일감 부족으로 현대중공업도 창사 이래 처음으로 휴업 및 휴직을 실시하는 등 조속한 조선경기 회복 및 반등은 낙관할 수 없는 상황이다.

문제는 현대중공업보다 하청에 더 산재해있다. 대형 조선사의 사내 협력업체는 인력공급업의 성격이 강해서 원청의 작업물량 감소로 계약이 해지되면서 재계약 시기가 불투명하고 자금여력이 없어 구조조정을 하거나 극단적인 폐업으로 이어지고 있는 실정이다. 이러한 어려움 속에서 정부의 지원 대책이 미흡하다고 협력업체는 불만을 제기하고 있으며, 동향파악을 위한 면담 요청에도 강한 거부감을 나타내는 등 불신이 팽배해 있는 것이 현실이다.

조선업 고용안정 대책으로 일자리 창출과 지역경제 활성화를 위한 긴급재정이 투입되었으나 여전히 지역 고용위기 대응시스템은 미흡하다는 평가이다. 이에 전직·재취업 및 창업지원 강화를 포함한 종합적인 고용지원서비스 체계 구축이 필요하다. 특히 조선업희망센터는 2018년 6월로 사업 종료되고 향후 활용계획이 불투명한 상황인데, 조선업위기에 따라 한시적으로 운영되었다고는 하지만 2018년 이후에도 조선업 위기는 지속될 것으로 예상되므로 위기가 해소되는 시점까지는 지역차원 운영의 필요성이 있다.

조선업희망센터는 울산시, 동구청, 고용노동부 등이 지역산업 및 고용위기의 문제를 지방정부와 중앙정부의 협력을 통해 공동 대처한 최초의 모델이다. 비록 많은 시행착오는 있었지만 이러한 경험과 성과를 토대로 울산동구 지역의 특성에 맞는 울산형 고용복지플러스센터로의 전환에 대한 검토도 필요하다. 다만 동구청에서 설립한 퇴직자지원센터와의 관계 정립과 역할에 대한 충분한 논의가 있어야 할 것이다.

울산지역 근로자의 경우 직장에 대한 소속감보다 자신이 하는 업종 및 직무에 대한 소속감이 강하다는 사실을 고려해 고용서비스를 제공하는 것이 필요하다. 지역고용거버넌스 구축을 통해 취업알선, 직업훈련, 일자리 정보망 등 관련 지원체계를 체계적이고 종합적으로 운영할 수 있는 원스톱 서비스의 제공도 검토해야 한다. 과도기적 형태의 지역고용 거버넌스가 지자체 스스로 관련 시스템을 운영할 수 있도록 개선되기 위해서는 보다 많은 예산투입과 충분한 인력 확충도 필요하다. 중앙정부 주도의 수립된 일자리정책을 따라가기 보다는 지역역량 강화를 통해 우리지역 특성에 맞게 정책을 주도적으로 기획하고 운영할 수 있는 체제를 이번 기회에 갖추어야 한다. 다만 초기단계에서는 중앙정부 인력지원이 필요할 수도 있을 것이며, 지역고용전문관 양성 및 직업상담사의 역량 강화를 위한 프로그램도 체계적으로 갖추는 노력도 수반되어야 할 것이다.

블라인드 채용과 민간기업 확산을 위한 선행 과제

2017.10.30.

채용과정에서 편견이 개입돼 불합리한 차별을 야기할 수 있는 출신지, 가족관계, 학력, 외모 등 항목을 걷어내고 직무능력을 평가, 인재를 채용하는 방식으로 최근 정부의 블라인드 채용 확산의지가 공공부문은 물론 민간기업에도 영향을 미치고 있다. 공무원의 무서류전형 및 블라인드 지원서, 블라인드 오디션, 블라인드 면접 등을 예로 들 수 있는데, 구직자에게 동일 조건 및 출발선에서 실력으로 공정하게 경쟁할 수 있도록 기회를 부여한다는 취지이다. 여기에 학력 및 지역 차별 감소 방안을 통해 기회를 균등하게 부여하고, 인적 요소 등 편견을 유발하는 내용을 배제해 직무능력 위주로 선발, 채용 과정에 대한 공정성 및 신뢰도 향상시킨다는 것이 주된 내용이다.

정부가 블라인드 채용을 국정과제로 전면에 내세운 것은 처음이지만 사실 시작은 참여정부 시기부터로 볼 수 있다. 2004년 국가인권위원회는 진정사건 조사를 통해 근로복지공단, 예금보험공사 등 9개 공공기관의 직원채용시 나이 및 학력제한 폐지를 결정했고, 2005년 공무원 시험부터는 응시원서에 학력기재를 폐지, 블라인드 면접을 도입하는 등 서류전형없이 지원자 모두 필기 응시를 가능하게 했다. 2015년부터는 공공기관 NCS채용을 통해 직무를 보다 체계적으로 분석하고 직무능력을 평가해 채용, 직무기술서 공개 및 체계화된 면접 등을 추진하고 있다. 특히 문재인 대통령은 이력서에 학벌이나 학력,

출신지, 신체조건 등 차별적 요인은 일체 기재하지 않도록 추진하고, 2017년 하반기부터 실시되고 있는 공공부분의 채용은 모두 블라인드 선발로 시행하고 민간 기업에도 블라인드 채용 확산 지원을 지시한 바 있다.

최근 잡코리아를 통해 기업 인사담당자 418명을 조사한 결과 80.9%가 블라인드 채용 도입에 찬성하는 것으로 응답했다. 특히 스팩을 보고 뽑았더니 현업에서 별 다를 바 없다고 생각한다는 비율이 53.6%, 기존 이력서 항목에 문제가 많다고 생각한다가 52.1%, 공정하게 실력으로만 평가할 수 있을 것 같기 때문이라는 응답이 32.5%에 달했다. 일부 블라인드 채용을 반대하는 의견도 있었는데 인재 채용을 위한 일정한 기준 및 판단 근거가 모호하고 블라인드 채용에 맞춘 새로운 스펙이 등장할 것이라는 우려와 외모나 임기웅변과 같은 단편적인 면들로 지원자를 판단할 수도 있다는 응답이었다.

정부의 블라인드 채용이 대기업을 중심으로 확산되고 있다. 현대자동차는 나이와 지역, 출신 대학을 기재하지 않고 실력만으로 신입사원을 뽑겠다는 의지로 블라인드 채용인 '힌트(H-INT)'를 새롭게 도입했다. 지원자들은 현대자동차 채용 홈페이지에 참여 이유와 직무 역량, 비전 등을 1000자 내외로 작성해 제출하고, 채용 담당자들은 이를 보고 매주 약 100명을 선발해 면담을 진행한다. 카카오는 온라인 지원 접수에서 블라인드 전형의 취지에 맞게 학력, 나이, 성별, 경력 등을 기입하지 않고, 성명, e메일, 휴대전화 번호 등만 입력한 후 본인 계정을 생성하면 코딩테스트에 응시할 수 있다. 코딩테스트는 온라인 2차례, 오프라인 1차례 등 총 3차례에 걸쳐 실시되며, 코딩테스트를 통과한 합격자를 대상으로 1, 2차 인터뷰를 진행한 후 최종합격자를 선발한다.

일각에서는 블라인드 채용이 지역 인재 채용 할당제와 모순된다는 비판도 제기되고 있다. 여기서 지역인재 채용 할당제란 지방 혁신도시로 이전한 공공기관 채용에서 전체 인원의 30%를 본사 소재지 최종 학교를 졸업한 사람으로 채우는 제도다. 지원서에 출신지역, 학교, 학점 등을 기재하지 못하는데 최종학교의 소재지는 구분해 제출해야 한다는 점에 구직자들은 이의를 제기하기도 한다. 부산이나 울산 등 동남권지역 출신임에도 불구하고 서울이나 수도권에서 대학을 졸업하고 지역의 공공기관에 지원하면 지역인재로서의 요건에 부합되지 않는다는 것이다.

기업들이 전통적인 채용방식에서 벗어나 블라인드 채용이나 다른 형태의 고도화된 채용시스템을 활용해 구직자들에게 평등한 기회를 보장하고, 누구나 당당하게 실력으로 경쟁할 수 있는 기회를 부여하는 것은 반드시 필요하다. 그러나 아직 블라인드 채용을 시행하고 있다고 응답한 기업은 6.1%에 지나지 않은 것이 현실이다. 민간부문에서 적극 도입을 시작하면서 발생할 수 있는 프로세스상의 문제점에 대한 충분한 사전 검토가 필요할 것이다. 또한 인사업무 전담자가 부재한 중소기업이 기업의 특성을 고려한 개별 채용도구를 설계하고 이를 현장에서 활용할 수 있는 유기적 지원시스템이 갖추어져야 할 것이다.

정부의 청년고용정책 추진 현황과 과제

2017.09.25.

지난 9월 발표한 청년실업자 수는 42만명으로 9.4%로 전체 실업률 3.5% 대비 2.7배에 육박하는 등 청년층의 어려움이 가중되고 있다. 청년층의 인구감소에도 불구하고 노동시장에 적극적으로 참여하는 청년층이 늘어나면서 고용률과 실업률이 함께 증가하며 비경제활동인구가 감소하고 있는 추세이기는 하나 일자리창출력 저하, 정년 연장에 따른 퇴직 감소, 에코세대의 청년층 진입 등 다양한 구조적 요인으로 청년실업자 수는 좀처럼 줄어들지 않고 있다.

정부는 향후 일자리 예산의 차질없는 추진과 함께 서비스산업 선진화, 창업 활성화, 고용유인형 제도 개편 등 구조개선노력도 병행할 계획으로 적극적 거시정책, 청년 등 취약계층 맞춤형 지원을 통해 양질의 일자리 창출과 청년 실업난 해소 노력을 강화하겠다고 밝히고 있다. 특히 일자리 예산 조기집행, 소비 투자, 수출 등 부문별 활성화 방안, 청년고용 보완대책 등을 차질 없이 추진하겠다는 계획이다.

정부가 최근 내놓은 3대 핵심과제를 살펴보면 중소기업 청년 추가고용장려금 지원, 청년구직촉진수당 도입, 청년내일채움공제 등이다. 우선 중소기업 청년 추가고용장려금 지원은 국정과제로 정부가 성장 가능성이 높은 업종의 중소기업이 청년 3명을 정규직으로 새로 채용하면 세 번째 직원의 임금을 연 2000만원 한도로 3년간 지원한다는 것이다.

300인 미만 중소기업이 사업체의 99.8%, 종사자의 85.5%를 차지한다는 점을 고려할 때 성장 가능한 유망업종 중소기업을 중심으로 지원한다면 단기적으로 효과성이 있을 것이란 전망이다. 기업의 입장에서는 부족한 인력을 채용하고 실질적인 임금도 지원받는 등 중소기업 인력난 해소에는 도움이 되겠으나 한시적으로 실행될 수밖에 없는 재정지원 사업의 특성을 고려할 때 수혜자인 청년구직자에게 얼마나 실효성이 있을지 궁금하다.

2017년 시범사업에서는 총 3000명을 선정하며 기업당 최대 3명까지 지원받을 수 있도록 한다는 계획인데, 기업은 과거 3년 평균 고용인원보다 더 많은 인원을 고용하고 최저임금의 110% 혹은 총 월급여의 150만원 이상을 지급하는 중소기업을 지원대상으로 제한하는 안을 검토하고 있다.

정부의 통합 취업지원서비스인 취업성공패키지를 확대하고 이 패키지를 통해 직업훈련을 마치고 일자리를 찾는 취준생에게 구직촉진수당을 도입하는 안도 추진할 계획이다. 구직지원 프로그램과 연계해 구직수당을 지급하는 프랑스 등 경제협력개발기구(OECD) 국가들의 사례를 참고한 것인데, 구직촉진수당은 3개월간 30만원씩 지급되며 올해 6개월간 약 11만6000명이 지원을 받을 전망이다. 취업성공패키지 규모도 31만6000명에서 36만6000명으로 5만명 늘어난다. 다만 이미 서울시, 경기도 등 여러 자치단체에서 유사한 청년수당 지원 제도를 운영이나 추진하고 있는 만큼 중복을 피하고 지자체 및 민간 지원과 연계해 재정부담을 최소화할 필요가 있다.

중소기업에서 일하는 청년의 자산 형성을 정부가 지원하는 청년

내일채움공제 만기 수령액도 1200만원에서 1600만원으로 늘어난다. 지금까지 중소기업에서 일하는 청년이 2년간 300만원을 저축하면 정부가 600만원, 기업이 300만원을 지원했지만 앞으로 정부 지원금은 900만원, 기업 지원금은 400만원으로 늘어나게 된다. 소득 지원을 확대해 대·중소기업 간 임금 격차를 축소하고 우수한 청년들의 중소기업 취업을 유도하기 위한 취지이다. 인턴제, 취업성공패키지, 일학습병행제 등에 참여한 뒤 중소기업에 정규직으로 취업한 만 15~34세 청년들은 청년내일채움공제 지원을 받을 수 있다.

그러나 혹자는 외국인 인력도 도입되는 상황에서 생산현장에서는 당장 일자리 자체가 부족한 게 아니고 청년이 원하지 않는 저임금 일자리가 많은 것이 문제다라고 말하기도 한다. 일시적이고, 분절적이며, 단발적으로 발표되었던 산업별 및 지역별 청년고용대책도 점검해 종합적이고 실효성이 있는 일자리 대책 마련이 필요한 시점이다.

노동시장 이중구조 개선과 주력산업 원하청구조별 임금격차 해소

2017.08.24.

성장 둔화와 급속한 세계화로 대기업은 무한경쟁의 틀 속에서 자체 생존을 위해 수요 독점적 입장을 견지, 원·하청관계의 부정적 특성이 더욱 강화되고 있다. 특히 자동차, 조선, 석유화학 등 울산지역 주력 산업에서 원·하청기업 사이의 비대칭적 지위는 노동시장으로 파급돼 원청회사의 정규직 근로자와 하청회사의 근로자간에 임금 및 근로조건 등의 처우가 심각하게 차이가 나면서 원·하청 관계를 중심으로 한 수직적 분업구조가 고착화되고 있는 것이 현실이다.

고용 이중구조 개선을 위한 원·하청 관계 개선 대책이 필요한 시점이다. 특히 제조업이 밀집돼 있는 울산지역의 자동차, 조선, 석유화학 등 주력산업 원·하청거래 네트워크의 구조를 파악, 원하청구조와 기업의 생산성, 수익성 등 경영성과 간의 관계를 검토해 문제점을 개선하고 지속가능한 산업생태계를 구축해야 한다.

최근에는 파견·하도급 등의 증가로 원청과 하청 근로자 간의 갈등도 심화되고 있는데, 자동차, 조선업 등 제조업 분야에서 정규근로자의 사용에 그치지 않고, 외부근로자를 파견 받아 사용하는 경우가 증가함에도 불구하고 원·하청 간에 고용계약이 명확하게 정리되지 않아 문제의 근원이 존재한다. 또한 사내하도급업체들이 경영상의 독립성이 결여되고 유사 직무라도 매우 큰 격차의 임금을 지급하는 등 차별적 처우가 여전하다.

특히 자동차 산업은 모듈화를 본격적으로 추진하면서 하위 시스템 통합기능이 모듈업체에 이양됐고, 1차 부품업체 중 탈락한 업체는 대형부품업체의 외주를 받는 2차 이하의 부품업체로 재편되면서 임금 및 근로조건에서도 격차가 발생하고 있는 것이 현실이다. 원·하청 구조별로 보면 기함기업 근로자의 평균임금은 월 600만원에 가까운 높은 수준인 반면 협력업체 근로자의 평균임금은 311만원으로 상대임금은 52%에 불과한 낮은 수준으로 기함기업과 협력업체 근로자의 임금 격차는 정액급여에서는 20% 미만이지만 초과급여를 포함할 때 30% 수준으로 확대된다.

이를 원·하청 단계별로 보면 1차 협력업체의 상대임금은 56%인 334만원으로 상대적으로 다소 높은 편인 반면 2차 협력업체에서는 절반을 하회하는 수준 292만원이며, 3차 이상 협력업체에서는 32%인 192만원에 불과한 매우 낮은 수준이다. 완성차업체나 부품회사의 숙련도에는 큰 차이가 없지만 자동차산업의 원·하청 구조에서 나타나는 특징인 강한 전속성 및 교섭력 우위가 임금격차를 만들고 있는 것이다. 이는 완성차기업의 임금결정은 기업 내부의 다양한 영향 요인에 의해 결정되지만 1차 부품회사의 경우 완성차기업에 의한 부품단가 및 기업내부 요인에 의해 임금이 결정되며, 2차 부품회사의 경우 전국적인 시장임금에 의해 임금이 결정되기 때문이다.

결국 이러한 전속적 관계는 하청기업의 원청에 대한 의존도를 높여 결과적으로 완성차업체의 교섭력이 커지고, 그 결과 납품단가 인하나 원자재 가격의 상승분이 납품가격에 반영되지 않아 임금 격차가 벌어지고 있다. 계열사 1차 부품업체의 비정규직 활용 수준은 지속적으로 증가해 일부 부품회사는 70~80%에 이르고 있으나, 비계열사 부품회사의 비정규직 평균 비율을 살펴보더라도 40% 수준으로 상당히 높다. 이는 기업규모가 상대적으로 큰 계열사 1차 부품회사가 고임금 구조를 가지고 있으며, 이에 사내하청을 활용해 인건비를 절감하려 했을 것으로 판단된다.

성공적인 임금격차의 해소를 위해서 정부는 우선 산업별 직무등급을 설정하기 위한 기준을 제시해야 할 것이며 시장임금이 형성될 수 있도록 임금정보의 사회적 유통을 위한 기본적인 인프라를 제공해야 한다. 영국이나 미국의 경우 임금정보 유통역할을 수행하는 다양한 민간전문기관들이 단순한 임금에 대한 정보만이 아닌 개별기업들의 직무분석 결과를 토대로 산업별 직무분석 틀을 만들어 이를 제공하고 있다. 우리나라도 정부에서 임금정보를 제공하고 있지만 분류기준이 정확하지 않고 직급별 임금정보가 제공되지 않아 기업들이 임금 정책을 수립하거나 근로자 본인이 임금 수준을 비교할 때는 실제 참고하기 어려운 것이 현실이다. 또한 산업별 특성을 충분히 고려해 점진적인 변화를 통해 근로자들의 수용성을 높이고 노사갈등을 최소화하면서도 안정적으로 변화를 기대할 수 있는 방안을 수립할 수 있도록 노사정이 함께하는 열린 소통의 장을 마련하는 것이 반드시 필요하다.

직무급제에 대한 오해와 진실

2017.07.25.

정부는 성과연봉제나 연공급제를 대신할 임금체계로 직무급제를 제시하고 있다. 5월 대선 과정부터 문재인 대통령은 성과연봉제도는 반대하지만 단순히 연공서열대로 임금이 올라가는 구조는 옳지 않다고 밝히고 성과연봉제와 연공급제를 대신할 임금체계로 직무급제를 언급한 바 있다. 호봉의 상승에 따라 임금이 결정되는 연공급제는 우리나라 기업들의 주된 임금체계로 채택돼 왔는데 최초급여를 기준으로 근속연수에 비례해 임금이 상승하기 때문에 세대, 산업, 업종 간 임금 임금 불평등의 원인으로 끊임없이 지적돼 왔다.

직무급은 20세기초 미국에서 테일러의 차등실적급이 노동강도를 높이고 근로자 간의 경쟁을 부추긴다는 노동조합의 비판·반대의 결과와 그 대안으로 동일직무에 대한 동일임금을 요구한 결과로 탄생했다. 경제발전 초기 한전, 포항제철 등 대기업을 중심으로 우리나라에도 직무급제가 도입된 사례가 있으나 대부분 뿌리를 내리지 못하고 폐지되거나 변형됐다. 원인을 살펴보면 첫째, 고도성장기에는 새로운 직무가 지속적으로 만들어지고 이때마다 직무평가를 새롭게 할 수 없는 상황적인 특성에 기인했을 것이고, 둘째, 70~80년대 경제성장 초창기에는 전반적으로 낮은 임금수준으로 직무가 변한다고 해도 임금 변화가 발생하는 시스템을 근로자 입장에서는 선뜻 받아들이기도 어려웠을 것이다. 셋째, 80년대말부터 기업별 노동조합의 형태를 띠고 있는 국내 현실에서 직무평가를 둘러싼 노사갈등보다는 안정적으로 경제성장을 도모하는 것이 정부나 기업의 우선 과제였을 것이다.

직무급제는 업무성격과 난이도, 직무 책임성 등에 비례해 급여를 결정하는 임금체계로 각 직위의 직무가 가지는 상대적인 가치를 평가해 그에 맞는 보수를 결정하는 제도라고 볼 수 있다. 직무급제를 도입하기 위해서는 조직 내의 직무를 어떻게 나눌 것인지, 어떠한 기준으로 직무의 가치를 평가할 것인지, 직무에 속한 사람들 간에 어떻게 합의를 할 것인지 등에 관한 체계적인 논의가 필요하다.

직무급제를 효율적으로 운영하기 위해서는 우수한 인력을 확보·유지할 수 있는 임금수준의 경쟁력인 외부적 공정성과 조직내부의 구성원들이 보상의 공정성을 인정할 수 있는 내부적 공정성을 갖추어야 한다. 특히 연공급 중심의 임금체계를 도입한 기업이 다수인 우리나라에서는 직무급제와 직무중심의 인적자원관리 시스템을 도입하는 것은 말만큼 쉽지 않다. 독일에서도 금속노조가 ERA(Entgeltrahmenabkommen)로 개편하는데 13년, 일본의 도요타가 연공급에서 직능급으로 개편하는데 14년이 걸렸다. 특히 임금은 생계비와 직접적으로 연동되므로 근로자 입장에서는 안정성과 연속성을 요구하고, 사측은 철저히 비용으로 보고 통제하기 때문에 급격한 변화보다는 충분히 예측 가능한 점진적 변화만이 근로자의 수용성을 높일 수 있을 것이다.

현재 진행되고 있는 직무급제 논의구조를 개선하고 도입을 둘러싼 사회적 갈등 해결이 필요하다. 직무급제의 원래 취지는 담당업무가 같다면 동일한 임금을 지급하자는 의미에서 시작한 것으로 노동계가 주장하고 있는 '동일노동가치 동일임금' 원리에 가장 부합하는 임금체계라 볼 수 있다. 그럼에도 불구하고 정부나 사측이 직무급제의 도입을 서두르는 반면 노동계에서는 직무급제에 대해 다소 부정적인 입장이다. 이는 우리나라에서 통용되는 직무급제는 근속연수에 따른 자동적으로 임금상승이 일어나는 체계가 아닌 다른 의미를 내포하기 때문이다. 정부에서 발표하는 공공부분 임금체계 개편이나 민간기업 임금가이드라인을 살펴보면 직무성과급이라는 표현을 자주 발견하게 되는데 이로 인해 직무급제가 업무성과와 연동하는 보상체계라는 오해를 불러일으키고 있는 것이다. 그러나 연공급에서도 성과급을 도입할 수도 있고 직무급에서도 성과급을 도입하지 않을 수 있다.

직무급제 본연의 의미를 되살리고 독일, 프랑스, 영국 등 유럽국가들의 사례와 같이 노동시장 이중구조를 해소, 임금격차를 줄이기 위해서는 개별 기업단위의 직무급제의 논의가 아닌 초기업단위에서 합치가 이뤄져야 한다. 프랑스 단체협약에서 정하는 임금표는 직무급으로 직무가 동일하다면 기본적으로 같은 임금을 받는 것을 의미한다. 물론 기업의 지불능력에 따라서 실질임금의 차이는 나겠지만 기본적으로 업종별 협약으로 하한선을 제시하기 때문에 임금 격차는 상대적으로 작다고 할 수 있다. 업종별 협약과 직무급제의 결합은 원·청의 임금 격차를 해소하는데 기여할 것이다.

일자리 100일 계획 중간 점검, 어떻게 진행되고 있는가

2017.06.28.

새 정부 출범과 함께 문재인 대통령은 '일자리 대통령'이란 타이틀을 걸고 파격 행보를 이어가고 있다. 대통령직속 국가일자리위원회를 출범시키고 일자리 수석까지 별도로 만들었으며 일자리 100일 계획을 수립, 공공기관 비정규직 제로화 등도 공표했다. 일자리위원회는 문재인 대통령의 공약대로 경찰과 소방관 등 공무원 일자리 17만 4000개를 새로 만들 계획을 가지고 있으며, 나머지 64만개는 그 동안 민간에 맡겨뒀던 의료·복지 등 공공서비스부문을 전환하는 식으로 마련하겠다는 것이다. 이 가운데 30만개 정도는 노동시간 단축을 통한 일자리 나누기로 창출하겠다는 의지를 밝히고 있다.

그러나 100일 계획의 절반이 지난 현 시점에서 이러한 정부의 일자리 정책을 바라보는 노사의 모습은 서로 사뭇 다른 것 같다. 정부 입장에서 보면 쉽사리 노사 관계의 답답함은 풀리지 않고 있는 모습이다.

재계는 정부가 추진하는 일자리 정책 등과 관련해 상당한 부작용이 예상된디며 우려하고 있는 것이 현실이다. 특히 비정규직의 정규직 전환, 최저임금 1만원 등 노사 이해가 상충되는 부분에 대해서 정부 중재의 중요성을 강조하고 있다. 기업 입장에서는 비정규직의 정규직화를 무조건 밀어부칠 경우 정부 눈치보기로 따를 수밖에 없겠지만 그 결과는 우회적으로 신입사원 채용 축소로 이어질 수도 있다는 전망이다.

반면 노동계는 30일 총파업을 예고, 이전 보수정권에서 외면받아 왔던 노동현안 등에 대한 정책 등을 부각하면서 사회적 이슈화를 통해 비정규직 철폐를 속도있게 추진하고 사내 하도급 문제도 빠른 시일 내에 해결되기를 기대하고 있다. 다행스럽게도 노동계 일각에서 조합원들의 기득권에 연연하지 않고 좋은 일자리 창출에 일익을 담당하겠다는 연대의 정신에 입각한 사회적 책임론도 부각되고 있다.

정부주도로 공공기관을 중심으로 비정규직의 정규직 전환을 추진하는 움직임도 있는데, 인천공항공사에 이어 한국전력, LH, 강원랜드 등 공기업과 공공기관들이 잇달아 정규직 전환 검토에 들어가고 있다. 비정규직의 정규직 전환, 협동조합 활성화를 통한 일자리 창출, 공공기관 소재지역 도시재생 추진사업 등이 골자이다.

대기업 중에서도 롯데나 신세계 등 대표적인 유통업체의 경우에는 비정규직의 정규직 전환을 서두르면서 정부정책에 발맞추고 있다. 롯데는 고용한 기간제 근로자와 무기 계약직 2만여명 중에 업무 연속성을 가진 기간제 근로자 1만명을 3년내 정규직으로 전환한다는 계획을 발표하기도 했다. 다만 백화점이나 대형마트의 영업환경이 나빠지는 상황에서 정규직 전환을 하더라도 이들 직원들의 처우가 나아지기는 어려워질 것이라는 전망도 있다. 국내 대표 유통업체의 실례를 살펴보면 현재 최저임금이 6470원인 상황에서, 시간제 근로자의 시급이 6790원인데, 노조가 밝힌 계산, 진열 등을 맡은 현장 전문직 직원 시급이 6940원으로 여전히 최저임금 수준에 머무르고 있으며 10년 이상 일을해도 월 5만~10만원 수준의 수당만 추가될 뿐이라는 것이다.

비정규직을 정규직으로 전환하고 좋은 일자리를 제공하겠다는 정부의 정책 방향에는 전적으로 동의한다. 다만 너무 성급하게 정부 주도로 나가게 되면 임금총량제에 묶여 있는 공공기관이나 상대적으로 비정규직의 비율이 높은 중견·중소기업은 늘어나는 비용 부담을 기존 정규직 직원들의 인건비를 줄임으로써 충당할 수밖에 없을 것이며, 그렇게 되면 정규직 직원들의 반발도 생길 것이기에 노노갈등도 심화될 수 있다.

장기적 관점에서 바라볼 때 건전한 기업활동과 창업이나 창직 등을 통한 민간부문의 일자리 창출이 무엇보다도 중요하다. 특히 제조업 등 주요산업의 노동시장 이중구조의 근본적인 원인인 원·하청 임금격차 등의 문제해결을 통해 대기업과 공무원 시험에 매달리던 역량있는 청년들에게 기업이나 창업 등에 관심을 가지고 실제로 평생의 업을 즐길 수 있는 여건을 마련해주는 것이 반드시 필요하다.

공유가치창출의 확산과 기업의 일자리 창출

2017.05.29.

새 정부의 일자리 창출에 대한 의지가 공공부문을 넘어 민간으로 확산되면서 기업의 이윤을 사회에 분배하는 기업의 사회적 책임의 대안으로 공유가치창출(Creating Shared Value)이라는 의미가 우리 사회에 재조명되고 있다. 기업이 단기적 이익을 취하기 보다는 사회문제를 분석, 이를 해결하고 개선하는 과정에서 사회적 가치와 비즈니스 가치를 동시에 창출한다는 의미이다. CSV는 기업 경쟁력과 개인, 사회의 번영이 서로 의존적이라는 인식에서 출발한 개념으로 수익창출과 사회공헌 활동이 분리된 일반 기업과는 달리 공유가치창출을 능동적으로 시행한 기업은 사회적 가치를 창출하는 동시에 경제적인 수익도 추구할 수 있다는 주장이다. 즉 일방향으로 기업의 이윤의 일부를 떼어서 수혜자들을 선별해 기부나 의료활동을 지원하는 등 이해관계자들에게 주는 것이 아니라 기업의 경쟁력과 역량을 사회적 가치와 결부시켜 더욱 강화하는 차원으로 설명된다.

지난 대선에서 국민들이 가장 관심있는 공약을 일자리 창출로 꼽았고, 대선주자들도 너도나도 청년, 여성, 중장년층 일자리 문제를 핵심공약으로 내세웠다. 새 정부 출범과 함께 문재인 대통령도 '일자리 대통령'이란 타이틀을 걸고 파격 행보를 이어가고 있는 상황이다. 대통령직속 국가일자리위원회를 출범시키고 일자리 수석까지 별도로 만들었으며, '일자리 100일 플랜' 및 '공공기관 비정규직 제로화' 등을 공표했다. 그러나 공공부문 81만개 일자리 늘리기는 단기적으로 청년고용 확대에는 효과가 있겠으나 장기적인 관점에서는 우리사회의 고질적인 일자리 문제를 해결할 수 있는 근본적인 방안이 되지 못할 수도 있다. 실행에 있어서 문제점을 보완하고 탄력을 받기 위해서는 장기적인 관점에서 일자리 정책에 대한 검토가 필요한데 기업의 CSV 활동 확대가 이러한 방안 중의 하나이다.

최근 우리사회는 청년일자리, 저출산 고령화, 노동시장 이중구조, 여성경력단절, 취약계층 등 다양한 문제에 직면하고 있다. 과거에는 많은 기업이 이러한 사회적 문제해결을 위해 기부와 후원 등 사회공헌 활동을 통한 적극적인 사회적 역할을 추진해 왔으나 장기적인 경기침체와 저성장 경제기조 등으로 기업이 예전처럼 시혜적인 사회적 책임 활동만으로 사회적 문제를 감당하는 것은 쉽지 않다. 기업의 비즈니스 기회 증가와 사회적 문제 해결을 동시에 해결할 수 있는 보다 적극적인 CSV 경영 활동을 통해 기업과 사회, 정부가 모두 상생할 수 있는 방법을 모색하는 것이 필요하며 이를 통해 영역에서 사회적 가치와 이윤 창출의 기회를 동시에 창출하는 새로운 비즈니스 전략을 수립해야 한다.

공유가치창출은 확대되는 우리사회의 세대별 및 계층별 격차를 해소하고 기업의 지속적인 성장을 통해 안정적인 사회를 만드는 대안이 될 수 있다. CSV를 현장에서 실천하기 위해 기업은 우선 지역사회가 요구하는 역할 기준을 준수해야 할 뿐만 아니라 사회적 문제 해결에 기여하고 좋은 기업 이미지와 소비자 신뢰를 획득하기 위한 부단한 노력이 필요하다. 기업경영 전반에 적용되어야 할 윤리적인 원칙과 정책을 수용할 수 있는 플랫폼이 마련돼야 하며, 정부나 시민단체 등의 외부 압력에 보다 적극적이고 효과적으로 대응하면서 성장에 이르게 된다. 즉 진정한 의미의 CSV는 기업을 둘러싼 이해관계자들이 도덕적, 법적 의무를 다하면서 사회적 경제의 개념으로 사회적 약자들을 도와 경제적 이윤과 사회적 가치를 만들어 공유하는 것이다.

그러나 여전히 국내기업의 사회공헌 활동은 기업이 벌어들인 수익을 자선단체에 기부하거나 종업원들이 자원봉사를 하는 방식으로 진행되고 있으며, 기업이나 지역사회의 지속적인 이익창출과 무관한 시혜적 활동으로 인식되고 있다. CSV 경영이 전략적으로 성공하기 위해서는 기업의 비전과 사업철학에 CSV 가치가 포함돼 있어야 하며, 최고경영자는 이를 실천하기 위해 조직의 변화를 진두지휘해야 한다. 기업의 리더가 진정성을 가지고 공유가치창출에 관심과 애정을 갖지 않는다면 아무리 사회적 가치와 이윤창출이 결합된 비즈니스 모델이라도 큰 호응을 받지 못할 것이며 궁극적으로는 실패하고 말 것이다. 기업이 지속적으로 성장하기 위해서는 사회와 함께 발전해야 하며, 노동시장 이중구조 등 격차심화로 자본주의에 대한 새로운 패러다임의 변화가 요구되는 현 상황에서 CSV가 제 역할을 수행하기 위해서는 기업을 둘러싼 이해관계자와 정부, 사회 각계의 관심과 협력이 반드시 필요한 시점이다.

일자리 대책, 노동시장 이중구조 개선부터 시작해야

2017.04.27.

최근 구직자를 대상으로 실시한 한 여론조사 결과를 보면 가장 관심 있는 대선 공약을 일자리 창출로 꼽고 있다. 지난 3월 통계청이 발표한 고용동향에서 25~29세의 실업률이 여전히 10.5%에 이르고 있다. 여기에 취업난으로 구직활동을 포기한 경우까지 고려한다면 실제 청년실업률은 30%에 이를 것이라는 전망도 있다. 최근 대선 주자들이 내놓고 있는 일자리 정책을 살펴보면 질보다 양으로 대변되고 있는 것으로 보여진다. 너도나도 공약 중 1순위를 일자리 확대로 제시하고 있는데 실제 정책을 체감하고 있는 청년과 국민들의 반응은 시큰둥하다.

크게 공공과 민간 일자리 창출로 나누어질 수 있는데 노동시간 단축을 통한 일자리 나눔, 비정규직 격차 완화를 통한 양질의 일자리 확보, 4차산업혁명에 따른 신규일자리 창출, 중소기업 취업 청년들에 대한 정부 보조금 지원, 비정규직 축소 등의 과제를 제시하고 있으나 구체성이 떨어진다는 평가가 대부분이다. 특히 공공부문 일자리 창출의 경우 기본적으로 재정지출 구조를 개혁해서 예산을 마련한다는 입장이지만 추경예산을 통해 재원을 확보하지 않는다면 수행 자체가 불가능한 측면이 있다.

민간부문의 일자리 경우에도 기업이 주도해 수요를 창출하고 있는 일자리를 어떻게 정부가 나서서 늘릴 수 있느냐는 반문과 이미 국내 주요기업들이 생산기지와 일부 연구개발센터를 해외로 이전한 상황에서 어떻게 우리 청년들을 위한 양질의 일자리를 확보할 수 있을 것인가에 대한 의문이 제기되고 있다.

이러한 일자리 대책의 근본적인 변화는 우리 사회 및 경제구조의 변화에서 시작돼 한다. 특히 임금격차 완화 등 노동시장 이중구조 개선이 출발점인 것이다. 우리나라 노동시장은 기업규모, 정규직 여부, 노동조합 유무 등의 주요 요인에 의해 계층화돼 있으며 노조가 있는 대기업 정규직원이라는 세 조건을 모두 갖춘 집단과 이를 모두 갖추지 못한 집단 사이에는 현격한 소득격차가 존재하고 있는 것이다. 특히 제조업 등 주요산업의 원하청별 임금격차 문제 해결은 대기업과 공무원 시험에 매달리던 역량있는 청년들에게 중소기업이나 창업, 창직에 관심을 가지고 실제로 평생의 업을 즐길 수 있는 여건을 마련해주는 것이 필요할 것이다.

노동시장의 이중구조를 확연하게 보여주는 사례로 자동차산업에 대한 원하청 임금격차를 연구한 한국노동연구원 보고서를 살펴보면 문제의 심각성을 파악할 수 있다. 자동차산업 근로자의 평균임금은 연말상여금 및 성과급을 포함해 월 402만원으로 나타나는데, 정액급여는 이의 64%에 해당하는 258만원, 초과급여를 포함한 임금총액은 이의 76%에 해당하는 305만원으로 나타나고 있다. 이를 원하청구조별로 살펴보면 우리가 흔히 대기업이나 원청이라고 부르는 기함기업 근로자의 평균임금은 월 600만원에 가까운 높은 수준인 반면 협력업체 근로자의 평균임금은 311만원으로 상대임금은 52%에 불과한 낮은 수준으로 나타난다.

특이 내기업인 기함기업과 협력업체 근로자의 임금격차는 정액 급여에서는 20% 수준 미만이지만 초과급여를 포함할 때 30% 가까운 수준으로 커지며, 또한 연말상여금 및 성과급을 포함할 때 50% 가까운 수준으로 더욱 커지는 것을 알 수 있는데, 이는 임금격차 286.6만원의 약 3분의 2인 179.2만원이 연말상여금 및 성과급으로부터 발생하는 것을 알 수 있다.

이를 분석해보면 청년층 노동공급과 수요가 불일치하는 미스매치 현상을 들 수 있는데 고학력의 청년층은 크게 증가했으나 그에 맞는 일자리는 그만큼 늘지 않아 청년층이 자신들이 원하는 일자리를 갖기 어려운 현상이 근본적인 원인이라 하겠다. 대학교육과 노동시장 연계성 높이고, 스펙이 선발도구 역할에서 벗어나 업무역량 제고로 연결되도록 하는 선순환 체제 정착이 장기적인 측면에서 반드시 필요할 것이라 판단되며 이에 대한 충분한 고려를 통한 공약과 세부 정책이 제시돼야 할 것이다. 일시적이고, 분절적이며, 단발적으로 발표되었던 산업별 및 지역별 청년고용대책도 점검해 종합적이고 실효성이 있는 대책 마련이 반드시 필요한 시점이다.

4차 산업혁명과 글로벌 기업의 인적자원관리 관행의 변화

2017.03.28.

지역 금융경영연구소에 따르면 2020년까지 제조업 비중이 높은 울산 지역 4000개를 포함해 동남권에서만 1만9000여개의 일자리가 사라질 것으로 전망했다. 본격적인 고용감소형 경제성장 시대에 대비해야 한다는 경고로, 이는 최근 화두가 되고 있는 4차 산업혁명과 관련있다. 3차 산업혁명은 컴퓨터를 통한 생산과 유통시스템의 자동화였다면 4차 산업혁명은 이를 뛰어넘은 소프트 파워를 통한 융합과 연결 그리고 공장과 제품, 서비스의 지능화라고 말할 수 있다. 즉 기계와 제품이 인터넷과 네트워크로 연결되면서 학습능력과 지능을 가지게 되며 이러한 기능의 핵심은 초연결성에 있다.

여기서 말하는 초연결성이란 물리적인 현실 세계와 디지털 가상 시스템의 연결만을 의미하는 것이 아니라 조직과 고객, 이해관계자 간 네트워크의 연결을 의미한다. 이러한 초연결적인 조직에서 구성원들의 역할은 기존의 직무기술서나 직무명세서 등 메뉴얼 형태로 존재하는 것이 아니라 다양한 정보의 흐름 속에서 본인의 위치와 의사결정 역량을 어떻게 변화시키느냐가 경쟁력의 핵심으로 작용한다. 즉 조직 구성원들이 거대한 네트워크 연결망 속에서 공유가치를 통해 조직의 목표를 효과적으로 달성할 수 있을지에 대한 고민이 시작된 것이다.

최근 GE는 디지털 제조업을 도입하겠다고 선언하고 HR부분에서는 연간 성과리뷰 및 상대평가제도를 폐지하는 등 과거 GE의 동력이 되었던 평가 시스템에 대한 대대적인 변화를 추진했다. GE가 강조하고 있는 '디지털 기업'이란 소프트웨어 역량을 기초로 사업을 전개하는 기업으로 물리적인 현실 세계를 디지털 세계로 옮기기도 하고, 소프트웨어를 통해 현실 세계를 관리하는 것을 의미한다.

디지털 시대에는 분기별로 이루어지는 조직 및 개인 평가는 더 이상 효과적이지 않을 수 있다. Google, IBM, Microsoft, GE, Cisco 등 글로벌 기업들은 1년에 한번 수행하는 일반적인 평가 제도를 폐지하고 있다. 현업을 수행하면서 수시로 구성원들의 직무수행 결과에 대해 피드백을 제공하고 팀장은 부하 직원들에 대한 경력개발 계획이나 경력경로를 논의하는 등 평가의 개발적인 측면을 강조하고 있다. 더 이상 평가의 관리적인 측면을 강조한 등급을 매겨서 서열을 세우는 형태의 상대평가는 창의력과 협력이 중요한 시대에는 적절하지 않다. 구성원들 간의 경쟁을 부추기고 조직 정치를 초래하는 등 팀의 성과를 향상시키는데 부정적인 역할을 하는 요인을 제거하는 것이 필요하다. 평가의 개발적인 측면을 강조하는 육성에 관점에서 구성원의 경력개발과 역량강화 측면에 초점을 두고 있다.

보상의 개념도 변화하고 있는데 평가 등급이 사라짐에 따라 보상에 연동되는 시스템도 상대적으로 느슨해졌다. 글로벌 기업들은 새로운 평가보상시스템을 구축하기 위해 다양한 테스트를 수행하고 있다. 고성과자에게 보상을 하지만 그 이외 구성원들의 보상에는 차별을 두지 않는 시스템을 도입하기도 하는데, 필자가 최근 성과평가 및 보상제도를 개편한 국내 유수의 컨설팅 기관도 5단계의 평가 등급을 3단계로 축소, 공정한 평가제도 도입을 통해 구성원들의 수용성을 확보하기 위해 노력하고 있다. GE도 온라인 성과관리 시스템에서 20대70대10의 등급 비율을 제거하고 과거처럼 엄격한 강제할당률이 아닌 가이드라인으로만 활용하고 있다.

Intel 또한 상대평가 제도를 폐지하고 Cross-Calibration 방식을 통해 여러 관리자들의 합의를 이끌어내는 방식으로 평가를 운영하고 있다. 유사 업무를 수행하는 직원들을 대상으로 그룹을 정해 랭킹을 부여한다. 관련된 관리자들은 랭킹을 부여하는 작업에 참여하고 만장일치로 결론이 도출될 때까지 회의장에서 절대 빠져나오지 못한다. 이 같은 등급의 결정에는 다면평가, MBO, 팀평가, 기타 정량 지표가 모두 사용되고 이는 평가의 공정성과 신뢰성을 향상시키고자 하는 노력의 일환이다. 해외 글로벌 기업들은 이렇게 4차 산업혁명 등 빠르게 변화하고 있는 경영환경에 선제적으로 대응하기 위해 노력하고 있는데 나라 안팎의 불확실성과 최순실 게이트 등으로 경영활동이 상대적으로 축소되고 있는 우리 기업들은 어떠한 HR전략을 수립하고 미래를 대비하고 있는지 궁금하다.

고용위기 극복과 지역 일자리 창출을 위한 우리의 과제

2017.02.26.

통계청이 최근 발표한 300인 이상 대기업 취업자 수가 지난달 기준으로 241만6000명으로 1년 전보다 4만6000명이 줄었다고 한다. 이러한 수치는 글로벌 금융위기 여파로 2010년 6만명이 줄어든 이후 가장 큰 폭으로 떨어진 수치이다. 미국 도널드 트럼프 대통령의 자국 우선주의, 북한의 핵문제 및 김정남 사망 등 나라 안팎의 불확실성과 최순실 게이트 등으로 반기업 정서가 경영활동을 축소시키면서 대기업발 고용한파에 대한 우려가 현실화되고 있는 것이다.

문제는 올해 기업들의 신규 채용이 지난해보다 줄어들 것으로 보인다는 점이다. 수주 절벽에 가까운 불황을 겪으며 대규모 구조조정이 진행 중인 조선업에서는 빅3로 불리는 회사들이 채용을 진행하지 못하거나 규모를 대폭 줄였다. 2016년 7월 고용위기지역으로 지정된 울산지역을 보더라도 조선업종 위기 여파로 매년 두 차례 신규직원을 채용하던 현대중공업도 채용을 보류한 상태이다.

이러한 고용시장의 위기는 단기적인 고용지표에 영향을 미치는 것이 아니라 근로자의 임금이나 복지 수준이 상대적으로 높아 양질의 일자리로 분류되었던 제조업 정규직이 지속적으로 줄어들고 있다는 것을 의미한다. 또한 국내 취업시장에서 공공 부문 다음으로 선호도가 높은 대기업 일자리 수가 감소한다는 것은 중산층으로 갈 수 있는 기회의 문도 좁아졌다는 것을 뜻한다.

조선, 철강 등 기존 주력 산업에서 당분간 구조조정이 불가피하고 자동차나 화학 등의 글로벌 경쟁이 심화되고 있는 상황이다. 4차산업혁명이 세상을 바꿀 것이라는 주장만을 늘어 놓을 것이 아니라 미래 신성장산업분야에 진출할 수 있는 기회를 넓혀야만 일자리 창출과 저성장 탈출이라는 문제를 동시에 해결할 수 있는 것이다.

또한 새로운 노동시장 환경에 대응하고 청년일자리 문제를 해결하기 위해서 고용서비스에 대한 개편이 반드시 필요하다. 이는 글로벌 경쟁 심화 및 강대국을 중심으로 자국우선주의 강화 현상, 저출산·고령화 시대를 맞이해 직업훈련 시스템이 지역 노동시장과 산업 수요에 신속하게 대응하도록 하고 인적자원관리 및 교육훈련을 성과지향적으로 개편한다는데 의미가 있다.

당분간 경기불황으로 산업별 구조조정이 계속될 수밖에 없어 대기업 중심의 고용회복은 어려울 것으로 판단된다. 또한 고용 창출력이 떨어지는 제조업 위주의 산업구조에 대한 지식서비스업 등 고부가가치 산업 중심으로 전환하는 구조개혁이 시급하다. 컴퓨터가 생산의 효율성을 크게 증가시켰다면 인터넷은 경제의 기본 작동 원리를 바꾸고 있다.

2016년 기준 마이크로소프트, 구글, 애플, 페이스북, 아마존 등의 시장가치가 약 2조411억 달러를 넘어서며 미국 경제뿐 아니라 세계경제의 지배자로 성장하고 있다. 2015년 한국의 GDP규모가 약 1조3778억 달러 수준인 점을 고려한다면 미국 5대 인터넷 및 디지털 기업의 가치가 한국의 국내총생산을 훌쩍 뛰어넘고 있다.

대기업 일자리 감소로 인한 자영업 증가로 이어지는 일자리의 악순환 구조는 반드시 개선되어야 할 것이며, 임금 격차 문제를 해소하기 위해서는 경쟁력있는 스타트업과 강소기업을 집중 육성하여 신규 고용창출에 기여해야 한다. 1990년대 이후 미국 고용창출의 80% 이상을 인터넷 및 디지털 신규기업들이 주도하였다는 점을 우리는 명심해야 한다.

정유년 새해에도 여전히 어두운 고용전망

2017.01.24.

연초 주요 기업들이 꼽은 정유년 기업 경영의 최대 위협요인은 두 가지다. 미국 트럼프 정권의 등장에 따른 '전 세계적인 보호무역주의와 고립주의 확산'과 '최순실 게이트로 촉발된 국내 정치의 불확실성'이었다.

지난 20일 '미국 우선주의'를 기치로 내건 도널드 트럼프 대통령이 취임, 세계가 한치 앞을 내다볼 수 없는 불확실성의 시대에 진입했다. 트럼프 대통령은 무역, 세금, 이민, 외교 정책과 관련한 모든 의사결정이 미국 노동자와 미국 가정의 이익을 위해 이뤄져야 한다고 강조했다. 취임 직후 백악관 홈페이지를 통해 10년 동안 2500만개의 일자리를 만들고 연 4% 경제성장을 목표로 하겠다는 포부도 밝혔다. 트럼프의 이러한 일자리, 국경, 부, 꿈을 되찾겠다는 정책이 얼마나 실효성이 있을지는 미지수이나 이는 곧 강력한 자국 우선주의 정책과 관련이 있다.

미국이 보호무역주의를 강화하면 수출 의존도가 높은 우리나라에 미치는 영향은 치명적이다. 특히 세계 은행의 통계를 살펴보더라도 한국의 국내총생산 대비 무역 비중은 84.4%로 이웃나라 중국(41.2%)과 일본(36.8%)에 비해 상당히 높은 수준이다.

한국은 미국 재무성에 의해 작년 4월 환율 조작과 관련한 관찰대상국으로 분류됐다. 대미 무역수지 흑자가 302억 달러 수준이고 국내총생산 대비 경상수지 비중도 7.9% 수준으로 모든 필요조건이 충족된 상대로 만약 환율조직국으로 지징된다면 관세 및 수입물량 제한 등 경제적인 보복을 받을 수 있는 상황이다.

국내 고용전망도 밝지 않다. 최근 국내 30대 그룹의 주요 계열사 32곳을 대상으로 올해 투자 및 고용 계획과 경영 환경 전망 등을 설문조사한 결과 투자 계획에 대해서는 46.9%가 동결하고 12.5%는 축소하겠다고 응답했다. 즉 주요 대기업 10곳 중 6곳은 전년보다 투자를 줄이거나 동결할 계획으로 특단의 조치 없이는 고용문제 해결도 쉽지 않아 보인다. 또 10곳 중 9곳은 경영환경이 악화될 것으로 내다보았으며 개선될 것이라 예상한 기업은 한 곳도 없었다.

우리 기업의 경영전략 또한 공격적이기 보다는 방어적이고 수세적인 곳이 대부분이었다. 고용부문만 보더라도 삼성을 포함한 주요 대기업들은 상반기 채용 일정을 아직 확정하지 못했거나 채용 규모를 줄일 것으로 보인다. 중소기업의 경우에는 아예 선발하지 않겠다는 경우도 상당하다.

이러한 고용시장 한파는 20대에 집중되고 있는데 지난 11일 발표한 2016년 연간 고용동향에 따르면 청년층(15~29세) 실업률은 9.8%로 역대 최고치를 기록했다. 실업자 수도 101만2000명으로 전년 대비 3만6000명이 증가했다. 취업을 위한 학원 수강생 등 취업 준비자는 66만7000명으로 1년 전보다 6만7000명이 늘었고 구직포기자는 9000명이나 증가했다. 특히 300인 미만 기업도 올해부터는 정년 60세 의무화 법안 시행으로 신규채용을 꺼리면서 중장년 고용불안 및 청년 고용절벽이 가중될 것으로 보인다. 정부는 일자리 예산 상반기

조기 집행, 각종 세제 및 금융 지원 등을 통해 고용시장의 활력을 끌어올린다는 계획을 세우고 있으나 얼마만큼의 효과가 나타날지 관심이 집중된다.

트럼프 미국 대통령은 글로벌 자동차 제조사를 상대로 압박 수위를 높이면서 포드에 이어 피아트 크라이슬러까지 미국 내 일자리와 투자를 늘리겠다는 약속을 받아냈다. 피아트 크라이슬러는 총 10억 달러를 들여 2020년까지 미국 미시간주와 오하이오주의 공장 설비를 교체하고 2000명을 추가 고용하겠다고 밝혔다. 또한 취임 전 중국의 마윈과 일본의 손정의를 직접 만나 미국에 투자하고 현지에 일자리를 만들어내겠다는 약속을 받아내기도 했다. 반면 해외로 빠져나가고 있는 국내기업의 신규투자와 내수 경제성장을 촉진해 양질의 일자리를 늘릴 수 있는 방법에 대해 깊이 고민하고 미래를 제시하는 우리 정치권 리더들의 모습은 어디에서 찾을 수 있을까.

성숙한 시민의식과 경제위기 극복

2016.12.01.

촛불집회에서도 보여준 보다 성숙된 시민 의식이, 정당의 이익과 대권을 위해 탄핵시기와 방법을 놓고 저울질을 하고 있는 여야 정치권을 대신해서, 사회적 변화와 안정을 이끌어 내고 있다. 실제 광화문 광장에서는 100만명 이상 운집한 상황에서도 주변 상점들은 평화롭게 정상 영업을 하고 있었다. 미국이나 영국 등 선진국에서조차도 시위가 폭동이나 약탈로 번지는 상황과는 달리, 엄청남 규모임에도 평화적으로 진행되는 시위 모습이 우리 나라의 상황을 주시하고 있는 외신과 외국인 관광객들의 시선을 사로잡았다.

대학에서 인사조직 관련 과목을 가르치는 필자의 입장에서 요즘 청년들은 상당히 수동적이고 본인의 관심사가 아니면 세상에 대해 무관심하다는 평가를 내뱉곤 했다. 필자가 대학생활을 하던 1990년대 전후 학생운동은 민주화라는 가치를 두고 때로는 다소 과격하고 폭력적이었던 시위방식을 택하기도 했다. 그러나 매주 토요일 광화문 광장에서 열리는 5차에 걸친 촛불집회에 참석한 청년들은 수동적이고 이기적이라고 평가했던 그들이 아니었다. 시민들 특히 노인들이나 수능을 마치고 상경한 아직 시위에 참가하기에는 앳된 학생들의 안전을 위해 애쓰는 청년들, 저지하는 경찰과의 과격한 충돌이 없도록 자제하는 청년들, 시위가 끝나고도 자리를 떠나지 않고 묵묵히 주변정리를 하는 청년들의 모습을 바라보면서 내 생각이 옳지 않았구나 반성하고 돌아보게 되었다. 100만명 이상이 운집한 광장이 다음 날 새벽이면 다시 아무런 일도 없다는 듯이 깨끗하게 치워져 있고 여느 일요일과 다르지 않게 평범하기만 했다.

그러나 우리 경제현실은 낙관적이지만은 않다. 국정마비로 인하여 제조업 가동률이 외환위기 이후 최저수준으로 떨어지고 서비스 업종, 요식업 매출이 급감하면서 위기로 치닫고 있다. 실제 가계와 기업 등 지역경제 주체들이 체감하는 실물위기는 이미 외환위기 수준 이상으로 보인다. 통계청이 발표한 10월 산업활동동향을 보더라도 제조업 평균가동률은 70.3%로 외환위기 이후 가장 낮은 수치이다. 정국이 혼란한 가운데 내년도 실업률도 3.9%로 높아질 것이라는 전망을 하고 있는데 이는 외환위기를 벗어난 2001년 4.0% 이후에 최고치이다.

노동연구원이 발표한 내년 고용시장의 체감온도도 올해보다 훨씬 낮을 것으로 예상하고 있는데, 구직포기자, 주부, 학생 등 비경제활동인구는 내년도에는 1615만명까지 떨어질 것으로 예상했다. 그동안 실업률 통계에 잡히지 않던 인구가 경기둔화와 불확실한 취업시장 등에 대한 우려로 구직활동에 나서면서 실업률 지표를 상승시킬 것이라는 전망이다. 더구나 주요 대기업들은 정년 연장과 불투명한 경기 전망으로 신규직원 채용규모를 줄이고 있다. 작년 10대그룹 채용인원이 8만여명이었던 것에 비해 10%이상 줄어들 것으로 예상된다.

울산지역을 보더라도 조선업종 위기 여파로 매년 두 차례 신규직원을 채용하던 현대중공업도 하반기에는 채용을 보류한 상태이다. 이러한 고용시장의 위기는 단기적인 고용지표에 영향을 미치는 것이 아니라 서비스업 임시직에 비해서 근로자의 임금이나 복지 수준이 상대적으로 높아 양질의 일자리로 분류되었던 제조업 상용직이 줄어든다는 것을 의미한다.

정부의 의지와는 달리 청년 실업률은 연일 최고치를 경신하고 있다. 2013년 통과되어 올해부터 시행 중인 정년 60세 법안은 내년부터 중소기업에게도 확대 적용될 전망이다. 그러나 임금피크제 도입 등 임금체계를 개편하는 기업이 청년을 채용하면 고용보조금을 지원하는 세대 간 상생고용 지원사업 요건을 실제로 갖추기란 쉽지 않으며 연공서열 중심의 경직된 임금체계와 특히 기업규모, 정규직 여부, 노동조합 유무 등 여러 요인에 의해 분절되어 있는 노동시장의 왜곡요인은 일자리창출의 장애요인이 되고 있다. 촛불집회에서 성숙한 시민의식이 발현된 것처럼 경제현안에 대한 해법을 찾아내기 위해서는 정치개혁과 위기극복 리더십의 회복이 절실하다.

4차 산업혁명에 따른 직업능력개발훈련 제도의 개편

2016.10.31.

최근 정부는 국정이 원활하지 않는 상황하에서도 4차 산업혁명에 대비한 직업능력개발훈련 제도개편안을 내놓았다. 새로운 노동시장 환경에 대응하고 청년일자리 문제를 해결하기 위해서 고용서비스를 개편한다는 취지이다. 이는 글로벌 경쟁 심화와 4차 산업혁명 및 저출산·고령화 시대를 맞이해 직업훈련 시스템을 노동시장과 산업 수요에 신속하게 대응하도록 만들고 교육훈련을 성과지향적으로 개편한다는데 의미가 있다.

정부가 내놓은 방안을 세부적으로 살펴보면 신산업 분야 인력양성 기반 확충, 노동시장 및 사업수요에 신속히 대응하는 훈련공급시스템 구축, 고성과·고품질 훈련 확충, 훈련참여 사각지대 해소를 위한 다각적인 노력 등을 골자로 하고 있다. 몇 가지를 구체적으로 살펴보면 우선 정부가 주도적으로 실시하고 있는 국가기간·전략산업직종훈련을 전면 개편하고 지능정보기술 등 미래에 인력수요 확대가 예상되는 사물인터넷, 빅데이터, 핀테크, 스마트 팜 관련 직종을 포함하는 훈련과정이 개설된다.

정부는 2017년 190억원을 투자해 4차 산업혁명 선도인력 양성사업을 추진하겠다는 계획과 함께 폴리텍대학을 중심으로 유망분야 훈련과정을 우선 개발하고 이를 민간기업에 확산하겠다고 발표했다.

실제 기업들은 4차 산업혁명을 선도할 인력양성에 대한 교육훈련이 시급하다는 것을 알면서도 초기투자비용 및 미래불확실성 등에 대한 우려로 과정개발이나 시설투자를 꺼리고 있는 것이 현실이다. 그러나 창업과 신산업 분야에 전문성이 부족한 공공부문이 변화가 빠른 민간기업을 어떻게 선도해 고급인력을 양성하고 선도할 수 있을지는 미지수다.

수도권을 제외한 지역에서 이러한 인력이 양성되더라도 일자리를 매칭시키는 것도 쉽지 않은 상황이다. 곧 해당 직무에 대한 지역일자리 신규창출이 반드시 함께 이뤄져야 하는데, 이는 정책적인 문제가 아니라 지역기반 기업의 관련분야 채용 여부와 창업 등을 통한 일자리 창출이 동반돼야 가능한 것이다.

또한 정부는 중앙통제형 훈련공급방식을 단계적으로 폐지하고 시장기반형 방식으로 전환한다는 계획을 발표했다. 실제 1995년 이후 20여년간 유지돼온 물량배정 방식의 운영은 인력수요가 없을지라도 훈련기관이 일정 수준의 시설장비를 갖추고 있으면 교육생을 정기적으로 모집할 수 있으며 매년 지속적으로 구직자나 재직자 훈련과정을 개설할 수 있는 구조였다. 그러나 이러한 시장기반형 훈련공급방식으로 전환은 기본적으로 지역별, 산업별 수요공급 전망에 대한 이해와 지역단위의 인력양성 계획을 기반으로 수행돼야 한다. 지역인적자원개발위원회, 산업별인적자원개발위원회 등 협의체 역할의 단계적 확대를 통해서 자치단체가 지역 특성에 부합하는 일자리 사업을 주도적으로 추진하기 위해서는 중앙정부와 지자체 간에 정책 파트너십이 우선 강화돼야 할 것이다.

또한 지역일자리정책을 더욱 정교하고 촘촘하게 만들기 위해서는 지역별 산업구조, 고용구조, 노사관계, 산업안전, 인력양성 수요 및 공급 등 노동시장을 전반적으로 이해하고 있는 전문인력의 양성이 절실하다. 실제 우리나라는 전반적으로 고용 및 인사전문가가 부족할 뿐만 아니라 지역에서 이러한 전문가를 고용하더라도 지속적으로 그들을 해당지역에 정주하게 만드는 것이 쉽지 않다

지역별로 고용서비스를 제공하는 인력들의 전문성과 경력개발을 지원해야 한다. 고용서비스 관련 협의체 구성을 통해 전문가 네트워크를 구축하고, 이들에게 현장에서 실질적으로 필요한 역량이 무엇인지 확인하고, 그들의 업무와 관련된 경력개발 프로그램을 제공해야 한다.

현재 중앙정부 차원에서 이뤄지고 있는 연구나 모니터링은 지역경제 및 현장에 대한 종합적인 이해가 부족한 전문가들의 참여로 이뤄지는 경우도 많다. 지역에 대한 통제와 감사 기능에 초점을 맞춘 모니터링 차원이라면 이해될 수 있으나, 실질적인 지역 고용역량 강화를 지원하기 위해서는 참여 연구자들이 지역경제를 이해하고 이에 기반한 적절한 피드백을 제공하는 것이 필요하다.

직업능력개발훈련 제도의 수용성을 높이기 위해서는 무엇보다 지역 기업, 근로자, 정부, 지자체 등 노동시장 주체들이 함께 모여 고용서비스 현장을 실질적으로 파악하고 지역경제 및 경영환경 변화에 따른 고용서비스의 대응과 우리나라 고용서비스의 미래에 대해 진지하게 논의해야 할 것이다.

근로자간의 임금격차 해소와 청년고용의 함수관계

2016.09.29.

최근 국회 입법조사처의 경제활동인구조사 근로형태별 부가조사를 분석한 결과 근로자 간에도 임금격차가 대단히 심각한 수준인 것으로 드러났다. 특히 노조가 있는 대기업 정규직과 노조가 없는 중소기업 비정규직 간에 차이가 심각한 수준으로 나타나고 있다. 즉 우리나라 노동시장은 기업규모, 정규직 여부, 노동조합 유무 등 여러 요인에 의해 분절돼 있으며 대기업, 유노조, 정규직이라는 세 조건을 모두 갖춘 집단과 이를 모두 갖추지 못한 집단 사이에는 현격한 소득격차가 존재한다는 것이다.

자료에 따르면 우리나라 정규직 비율은 68%, 노조가 조직되어 있는 사업장의 근로자 비율은 25.4%, 300인 이상 대기업의 비율은 12.2%로 나타났다. 분석 결과를 세부적으로 살펴보면 이 세 가지 조건을 모두 갖춘 근로자는 전체 임금 근로자(1879만9000명)의 7.6%인 142만7000명으로 집계되었고, 이들의 월평균 임금은 417만원이었다.

반면 어떠한 조건도 갖추지 못한 근로자는 488만5000명에 달했고 월평균 임금은 139만원에 불과했다. 3대 조건의 유무에 따라 근로자 간의 임금격차가 무려 3배에 달하는 것이다. 독일, 일본, 미국 등 선진국에서 좀처럼 찾아볼 수 없는 회사의 규모에 따라 임금이 확 벌어지는 불합리한 임금구조의 이중성과 격차는 여전히 존재하고 있으며 도리어 확대되고 있는 것이다.

근속년수와 상여금 적용비율도 각각 6배, 3배 가까이 차이가 나는 것으로 보고되었는데, 세 가지 조건을 모두 갖춘 근로자들의 평균 근속기간은 13.4년으로 전체 평균 5.7년에 비교하여 2배가 넘었고, 중소기업·무노조, 비정규직 근로자 2.3년에 비해 무려 6배 가까이 차이가 났다. 또한 국민연금과 건강보험 가입, 퇴직금, 상여금에도 큰 차이를 보이고 있는데, 세 가지 조건을 모두 갖춘 근로자는 거의 모두가 국민연금과 건강보험에 가입되어 있었고, 퇴직금과 상여금을 적용받았지만 그렇지 않은 일자리의 근로자는 3명 중 1명 정도만 혜택을 보고 있었다.

정부에서 발표한 2015년 시간당 기업규모에 따른 임금수준의 비교결과를 살펴보더라도 대기업 정규직을 100으로 기준했을 때 대기업 비정규직은 65% 수준인 반면 중소기업 정규직은 49.7%, 중소기업 비정규직은 35%의 임금수준에 머무르고 있다. 종업원의 고용형태로 살펴보더라도 대기업 정규직은 10.6%, 비정규직은 1.7% 수준에 지나지 않으며, 중소기업 정규직 56.9%, 비정규직 30.7% 등을 합하면 87.6%의 근로자가 중소기업에서 일하고 있다.

경기 침체가 계속되고 고용시장 사정도 계속 악화되면서 실제 대기업 정규직이 아닌 경우에는 임금이 거의 오르지 않고 있다. 최근에는 처음 사회생활을 시작할 때 생긴 초기 임금격차를 줄이기 어렵다는 인식이 사회적으로 확산되면서 공무원 시험에 청년들이 대거 몰리고 있으며 취업준비생 10명 중 4명은 공시족이 되는 현실이다. 심지어 이러한 사회상을 반영한 드라마도 반영되고 있는 상황이다.

기성세대는 이를 고용안정성을 추구하는 청년세대의 문제로 돌릴 것이 아니라 심각한 사회구조의 왜곡 현상으로 인식해야 할 것이다. 당연히 청년구직자들은 안정적인 대기업, 정규직, 유노조 직장을 선호할 수밖에 없다. 이러한 청년층의 공시족화, 중소기업 단기근속 현상은 모두 기업규모와 고용형태에 따른 임금구조의 이중성과 소득격차 확대 현상과 맞물린다. 대기업과 중소기업 간의 임금 차이가 줄어든다면 휴학이나 졸업유보까지 하면서 공무원 시험으로 내몰린 청년층을 산업현장으로 유인할 수 있을 뿐 아니라 장기근로도 유도할 수 있을 것이다. 언제까지 바라만 볼 것인가. 청년들이 원하는 좋은 일자리를 확대할 수 있는 방안은 서로 반목할 것이 아니라 노사정이 함께 풀어나가야 할 과제인 것이다.

조선업 희망센터의 역할과 과제

2016.08.28.

울산지역 주력산업인 조선업 수출 부진과 구조조정의 여파로 실업률이 7년 만에 최고치를 기록하면서 실업자들이 쏟아져 나오고 있다. 특히 정부가 발표한 7월 고용동향에 따르면 울산지역의 실업률은 3.9%로 지난해 같은 달 2.7%에 비해서 1.2%P나 상승했으며 이는 전국에서 가장 큰 수치로 높아진 것이다.

2016년 6월30일 정부는 조선업을 특별고용지원업종으로 지정하고 조선업종 근로자의 재취업을 돕기 위해서 7월28일 울산지역에 조선업희망센터를 개설했다. 조선업희망센터는 조선업종 퇴직자나 예정자들의 생계안정과 재취업을 원스톱으로 지원하는 것은 물론 경영상 어려움에 직면한 협력사에 대한 금융문제를 해결하기 위해 종합적으로 지원하겠다는 의지를 밝히고 있다.

조선업희망센터의 주요사업은 생계안정, 심리안정, 취업지원 등으로 나누어져 있는데, 체불임금, 실업급여, 긴급복지, 서민금융, 단기일자리 지원은 물론이고 실직자 및 청소년 등 실직가정 구성원을 대상으로 심리상담을 실시할 예정이다. 또한 취업처 발굴이나 채용박람회를 개최하여 퇴직자 및 퇴직예정자들에게 전직 및 창업지원을 실시할 예정이다. 기타 직업훈련의 안내, 경영자금 및 고용유지 지원도 이루어진다.

아직 개소한지 얼마 되자 않아 하루에 방문하는 방문객의 숫자가 많지는 않지만 점차 인원이 늘어나고 있는 추세이다. 울산 조선업 희밍센터를 찾는 대부분의 방문객들은 실직 후 구직급여를 신청하고 재취업과 전직을 알아보기 위해서 방문하는 경우가 대부분이다. 조선업 관련 실직자들은 구직관련 취업지원, 취업성공패키지, 직업훈련 등을 신청하고 고향으로 돌아가서 농사짓기를 원하는 귀농귀촌 상담도 늘고 있다.

그러나 조선업 종사인력의 특성상 고숙련자들은 직업훈련 필요성에 대한 인식이 낮고 전체적으로 전직에 대한 수요 또한 많지 않은 것이 현실이다. 현재의 고용위기를 경기적 요인으로 판단해 조선 경기 호전 시까지 조선업계에 잔존할 의사를 가진 인력도 아직까지 상당수 있다. 따라서 고용유지 기간에는 이들 숙련인력들에 대한 전문기술 유지 및 향상에도 초점을 둘 필요가 있다.

대기업 근로자와 사내하청, 사외하청, 물량팀 등 근로자들의 훈련수요 및 숙련수준 등이 상이하여 맞춤형 훈련공급이 어려운 것이 현실이다. 고급전문 및 단순반복 숙련분야 간의 차이가 크고 전체 훈련수요에 부합하는 과정개설 또한 용이하지 않다. 현재 직업훈련 수요가 크게 발생하지 않고 있으나 대규모 고용조정이 현실화 될 경우에 대비해 조선업 종사자의 특성을 고려한 직업훈련이나 전직지원에 있어서 광역차원의 동시 대응이 필요하다.

자치단체에서는 지역산업맞춤형 일자리창출 사업, 조선업종 고용안정 프로그램 특별 지원 등을 백화점 형태로 정리해 제시하고 있으나, 조선업종에서 전직하는 인력들을 위한 사업내용 및 구직자를 어떻게 적절하게 매칭할 것인가에 대한 구체적인 계획이 아직 부족하다. 또한 조선업과 직접 관련되어 있지 않은 자영업자, 장기실직자 등에 대한 조사 및 지원계획 수립도 미흡한 것이 문제이다.

앞으로 조선업 희망센터가 설립한 취지에 맞게 성공하기 위해서는 조선업 관련 퇴직자, 퇴직예정자, 실직자 가족들에게도 적극적인 맞춤형 홍보를 실시하는 것은 물론이고, 기다리지 말고 찾아가는 서비스로 협력사를 방문해서 실질적인 애로를 청취하고 주요내용을 설명하는 것도 필요하다. 특히 조선업 관련업체와 유관기관과의 유기적인 협조로 지역동향을 철저히 파악하고 하반기 대규모 민원발생 시에 대비해 실직자와 그 가족들이 새로운 일에 도전하여 희망을 가지고 살아갈 수 있도록 지원하기 위한 만반의 사전준비가 필요할 것이다.

기업의 생애통합적 경력개발 시스템 도입 시급하다

2016.07.28.

60세 정년 의무화 조치는 단순한 정년연장의 의미를 넘어 국가경제 및 기업의 인력운영에 광범위한 영향을 미치고 있다. 기업은 이와 관련해 인력의 고령화로 평균임금이 증가하고 노동력의 질적 하락과 함께 향후 노동 생산성도 저하될 수 있다는 우려를 제기하고 있는데, 발빠른 기업들은 임금피크제 도입과 함께 실제 증가하고 있는 50세 이상의 장년층 인력을 조직내에서 어떻게 효과적으로 활용할 수 있을지에 대한 고민을 시작했다. 최근 필자에게도 기업들의 이같은 문의가 증가하고 있다.

개인과 기업은 지식과 기술의 발전에 의해서 끊임없이 변화하는 능력을 갖추어야 하는 시대가 된 것이다. 특히 기업 경쟁력을 유지하기 위해서는 인력의 질을 일정 수준 유지할 필요가 있으며, 개인은 변화하는 직업능력에 대한 수요에 맞추어 종업원의 역량을 개발, 지속적인 고용가능성을 유지해야 한다.

일본의 경우에도 정부와 기업들은 장년층을 위한 능력 및 직무 개발을 적극적으로 추진해 생산성 향상을 도모하고 65세 정년제를 유지하는 것을 기본 방향으로 설정하고 있다. 특히 일본 기업들은 종업원 개개인의 선택과 자립을 촉진할 수 있는 복선형 인사시스템을 도입하여 조기 독립하려는 인력에게는 대폭적인 지원을 한다. 또한 60

세 이후에도 사내·외에서 필요한 역량을 가지고 있는 의욕적이고 신체적으로 건강한 근로자에게는 해당 전문직무의 경험을 살려 업무를 수행할 수 있는 기회를 제공하고 있다.

상황에 따라 일본기업들은 50세 전후 연령대에 경력개발 면접, 재충전(Refresh) 휴가제도 및 생애계획(Life Plan) 세미나 등도 도입하고 있다. 이러한 체계적인 지원활동을 통해 근로자 스스로가 미래를 설계할 수 있도록 지원하고 있는데, 도요타나 덴소 등의 일본 제조업체는 장년층 인력을 대상으로 심리적 안정감과 자신감을 부여하는 교육훈련을 병행하고 있다. 이러한 교육훈련의 목적은 장년층 근로자가 본인의 업무에 보다 적극적으로 임할 수 있도록 동기부여를 하는데 있다.

한편 독일기업은 1990년대부터 고령화가 진행되면서 대비책을 일찍부터 세우기 시작했다. 지멘스 AG는 조직의 고령화에 대비하여 장년층을 위한 경력개발 프로그램을 개발·적용하여 성공한 대표적인 사례로 장년층 종업원들이 자기주도적으로 미래를 설계·개발할 수 있는 사내 프로그램을 제공함으로써 기업 내 인력활용도를 높이고 개인의 경력설계가 전직까지 이어지도록 지원한다.

이와 같이 우리 기업들도 장년층을 대상으로 유형별 성장경로 및 진로선택을 통해 경력개발 기회를 체계적으로 제공하려는 자발적인 노력이 필요하다. 조직은 장년층 인력들에게 유형별 성장경로와 진로선택 코스를 다양하게 제시할 수 있는데, 대표적인 진로선택 코스 직무유지, 직무전환, 유연근무, 전문계약, 출향 및 전직 등이 있다. 다만 종업원이 현재 업무를 수행하는데 신체적, 정신적으로 지장이 없다면 굳이 다른 직무로 전환하거나 신규인력을 대체하여 그 효율성을 삼소시킬 필요성은 없나. 현새 수행하고 있는 직무를 유지시키는 것이 최선의 방법일 것이다.

인사관리 측면에서는 직무능력 중심으로 인사체계를 전환하는 기업의 노력이 필요하다. 현재 대부분의 기업들이 적용하고 있는 연공형 임금제도 하에서는 정년연장이 실시되면 인건비 부담이 크게 늘어날 것이다. 따라서 단계적으로 직무 중심 인사체계로 전환하고 근속 및 연령 증가에 따른 임금 상승분을 완화하는 적절한 제도적 보완이 필요하다.

조직 내 고령인력에 대한 근본적인 인식전환 없이는 이러한 문제를 해결하기란 쉽지 않다. 장년층 근로자에 대한 사회적 인식전환을 위해서는 무엇보다도 이들의 생산성을 높이기 위한 조직의 체계적인 지원과 노력이 필요하다. 즉 기업과 정부 및 지자체는 산업별 생애경력개발제도 도입을 통해 직종 및 경력 등을 고려한 연령대별 적합직무를 설계, 제시하여 생애통합적 교육훈련시스템 및 정년을 앞둔 장년층을 위한 전직지원제도를 체계적으로 제공하는 것이 필요하다. 개인이 입사해 퇴직할 때까지의 경력관리 및 일생설계를 연령대별로 차별화해 실시함으로써 회사와 함께 자신의 삶의 경력을 개발하고 관리해나가는 총체적인 과정이 필요한 것이다.

능력 중심 인력운영을 위한 향후 과제

2016.06.29.

최근 직무능력과 성과중심의 체계적인 인력운영의 필요성이 사회 전반적으로 제기되고 있다. 이는 '채용-평가-보상-교육훈련 및 배치전환-퇴직 관리' 등 인사관리 전반에 걸쳐 객관적이고 합리적인 평가에 기반해 직무능력과 성과를 중심으로 조직을 운영하는 방식이다.

예를 들어 직무능력을 중심으로 채용을 한다는 것은 구직자가 가지고 있는 학력, 학점, 토익점수, 해외연수, 자격증 수 등 소위 스펙이라 불리는 구성요소의 합이 아니라 해당 직무와 그 직무에 요구되는 지식, 기술, 역량 등을 기준으로 판단해 불확실한 정보로 인한 구직자들의 과도한 경쟁을 지양하고 직무 수행능력을 중심으로 채용을 한다는 것을 의미한다.

물론 입사 후에도 공정하고 객관적인 평가를 통해서 성과에 따른 보상을 실시하고 구성원의 역량을 향상시키기 위한 교육훈련과 직무능력에 맞는 배치전환 및 직무공시를 통해 경력개발을 수행하는 것을 포함한다. 또한 나이나 근속만을 고려해 보상이 결정되는 것이 아니라 직무능력과 해당 과업에 대한 성과를 평가의 중요한 요소로 결정하고 직무역량 향상과 전직 지원을 통해서 실질적인 생애설계를 체계적으로 지원하는데 그 의미가 있다고 하겠다.

미국이나 유럽의 유수기업들은 국내기업들처럼 채용시기를 따로 두지 않고 인력이 필요할 때마다 충원하는 수시채용을 도입하고 있다. 채용공고부터 입사 후에 맡게 될 직무와 업무수행에 필요한 자격 등을 직무기술서를 통해 구체적으로 제시하고 이에 부합하는 구직자를 대상으로 직무능력에 대한, 때로는 수차례의 심층면접을 수행해 직원을 선발하고 있다. 이와 같은 방식은 직무이동의 제한, 개인주의적 조직문화 등의 단점이 있으나, 해당 직무에 대한 전문성을 갖춘 인재확보에 유리하고 직무 가치에 따라 임금이 결정돼 임금과 생산성의 괴리가 적다는 장점이 있다.

직무능력과 성과 중심의 체계적인 인력운영의 도입을 위해서는 노사정 모두의 합심된 노력이 필요하다. 기업은 현장 노사관계자들의 다양한 의견을 청취하고 근로자가 요구하는 기업의 인력운영 제도 및 관행에 대한 변화를 시스템에 반영해야 한다. 단순한 임금체계 개편 및 성과연봉제 도입으로는 변화의 한계가 있음을 인식하고 인사관리 전반에 걸쳐 종합적 논의를 통한 합리적인 인력운영 방안 도입을 촉진해야 한다. 경영계의 자체적 가이드도 나온 만큼 능력중심 인력 운영을 적극 검토하고 인사관리 전반에 이를 반영하려는 노력도 병행돼야 할 것이다. 이 과정에서 노사는 취업규칙 변경, 근로계약 해지에 관한 법과 판례 기준과 절차를 명확히 이해해 위법상황을 사전에 예방하는 등 근로자 권익보호에 소홀히 하지 말아야 한다.

근로자는 객관적인 평가에 따른 공정한 보상을 받고, 체계적으로 능력개발을 할 수 있는 교육훈련 및 배치전환을 받을 수 있는 기회로 활용해야 한다. 특히 정년 60세 시대를 맞이해 종업원 스스로가 생애 고용가능성을 제고하고, 사업장 임금체계 개선 및 생산성 향상을 위한 노사협력에도 적극적으로 참여해 수용성을 높이는 제도 개선에 참여해야 한다.

또한 산업특성 및 기업규모 등 다양한 환경 고려를 통해 일률적인 인사시스템을 제시하기보다는 지역별 능력중심인력운영 지원단을 통해 중소·중견기업 등을 대상으로 밀착된 상담·컨설팅, 설명회 등을 개최해 지침의 이해를 돕고, 산업별 및 기업 규모별로 우수사례를 발굴해 구체적으로 제시하는 노력이 지속적으로 필요하다.

무엇보다도 국민이 원하는 청년 및 중장년의 일자리 창출이고 공정하고 유연한 노동시장을 구축해 능력중심의 사회를 구현하는 것이 중요하다. 이를 위해서는 우리사회의 고질적인 문제로 제기되고 있는 노동시장의 격차 해소를 위한 대기업 노사의 협력이 반드시 필요하며 주요 쟁점들에 대한 상호간의 불신과 오해로 사회적 반목이 생기지 않도록 취지에 대한 충분한 노사정 간의 공동협의도 필요하다.

위기의 조선업종 어떻게 나아가야 할 것인가

2016.05.16.

최악의 불황으로 대량 감원 위기에 몰린 조선업종에 대해서 정부가 특별고용지원 업종으로 지정하는 등 지원 방안을 검토 중인 가운데 해운업계에 이어 조선업계의 구조조정도 본격화되고 있다. 특히 한국조선업은 4월 동안 단 한 척의 수주 실적도 올리지 못한 반면 중국과 일본은 자국 발주를 통해 불황을 버텨내고 있는 현실이다. 그러나 전 세계 발주량도 급감해서 한국조선업계의 구조조정에 대한 압박은 지속적으로 강화될 전망이며, 현재와 같은 공급과잉 상황에서 당분간 조선업도 일감 축소는 불가피할 것이다.

만약 현재와 같은 공급과잉 상황에서 조선업이 지속적인 수주절벽에 놓일 경우 대형 조선소 내 하도급업체 직원들이 해고 1순위 대상이 될 것은 불 보듯 뻔한 사실이다. 현재 조선업에 종사하고 있는 인력 20만명 중에서 외주 하도급업체 사내협력 근로자가 10만여명에 달하기 때문에 이들부터 실업자로 전락할 것이며 이에 대한 대책을 세우는 것이 급선무다. 조선산업의 종사자의 평균연봉이 5000만~6000만원 수준에 달하는 것을 고려했을 때 대다수가 실업자로 전락하다 보면 이에 따른 지역경제에 미치는 충격도 상당할 것으로 예상된다.

특히 현대중공업 등 국내 중대형 9개 조선사의 조선 및 해양 관련 인력은 2014년 20만5000명 수준에서 지난해 19만5000여명으로 1만명 가까이 감소했다. 조선업 관련 1·2차 협력업체 인력이 5000여명 줄어든 것을 감안하면 1년 새 1만5000여개 일자리가 사라진 셈이다. 현대중공업, 삼성중공업, 대우해양조선 등 빅3 중 울산에 본사를 둔 현대중공업이 인력감축을 포함한 구조조정에 대한 기본방침을 지난 9일 가장 먼저 내놓기도 했다.

대규모 구조조정이 본격화될 경우 단기간 대량 실직에 따른 사회적 파장은 물론이고 울산·거제 등 지역 경제에 큰 타격이 불가피한 상황이다. 정부는 조선업 전체를 특별고용지원 업종으로 지정하고 해고 대신 유급휴직을 실시해 비용 일부를 정부에서 지원하는 방안을 검토 중이지만 가장 중요한 사안은 조선업 노사의 자구 노력 및 고통분담, 특히 노조의 협조 여부가 최대 관건이다. 막대한 혈세가 재투입되어야 하는 상황에서 노사의 자구노력 없이는 국민적인 반대가 클 수밖에 없기 때문이다. 노조의 동의 없이 일방적으로 구조조정에 나서려는 회사도 문제가 분명히 있다. 그러나 이런 어려운 상황에서 임금 인상을 주장하는 노조도 설득력이 떨어진다. 난국을 타개하기 위해서는 노사는 반드시 손을 잡아야 한다. 회사도 전문가들과 충분한 논의를 통해서 일방적으로 구조조정을 밀어붙일 것이 아니라 구체적인 정상화 계획을 밝히는 등 노조를 설득할 만한 대안을 제시해야 할 것이다.

만약 고용정책 기본법에 따라 고용위기지역으로 지정되면 최소 1년간 실업급여 수급이 종료된 자에 대해 특별연장급여를 주는 등 각종 정부 지원을 받게 되는데 우려의 목소리도 만만치 않다. 무리한 구조조정은 자칫 해외 경쟁사들의 배를 불리는 역효과를 낳을 수 있고,

공종별 업황을 고려하지 않고 단순한 통폐합이 이뤄진다면 장기적으로 선박 시상의 수요와 공급 균형이 보장되지 않을 것이며 사업 간의 시너지도 미흡하게 돼 결국은 중국, 일본 등 해외 조선업체들이 이득을 챙길 수도 있다.

대우해양조선 사례에서 보듯이 국고를 무분별하게 지원하기 보다는 고부가가치 선박 발주 및 차세대 군함 등의 건조를 통해서 일자리 상실을 막고 구조조정을 통한 내실화로 경쟁력 강화에 이를 수 있는 지원책의 제시도 필요하다. 또한 이미 실직한 인력들을 대상으로 다른 업종에 취업할 수 있도록 교육훈련을 지원하고 실업급여제도에 대한 개편도 따라야 할 것이다.

청년 일자리 창출, 학력중심 풍토 개선에서 시작돼야

2016.04.28.

정부가 일자리 창출을 국정운영 핵심과제로 추진하면서 고용률 제고 등 일자리 사업이 양적으로 확대되었으나, 청년들에게는 이 같은 정책의 실효성과 체감도가 미흡하며 고용애로는 여전하다. 실제 매년 60여만명의 대졸자가 사회로 쏟아져 나오고 있지만 양질의 일자리는 여전히 부족하다. 지난 10여년간 다양한 청년실업 대책이 제시되었지만 고용시장에서는 별다른 성과를 거두지 못했는데, 이러한 대졸 취업준비생의 어려움을 반증하면서 최근의 고용시장에 고스란히 다시 나타나고 있는 기이한 현상 중에 하나가 대졸자의 대기업 제조 사업현장으로의 입직이다.

언제부터인가 대졸 학력 소지자가 고졸이나 전문대졸이라고 학력을 속이고 생산직에 입사하는 '역학력 위조' 사례까지 밝혀지는만큼 일부 대기업의 생산직 인기는 높아지고 있다. 과거 3D업종으로 불리던 대기업 생산직이 대학생들에게 최고의 선호 직업으로 떠오른 것이다. 이렇게 대기업 생산직 입사를 원하는 대졸 학력의 취업준비생이 늘어나는 이유는 무엇일까?

실제 대학 4학년생을 대상으로 집중 인터뷰한 결과 10명 중에서 7명은 대기업 생산직으로 취업할 의사가 있는 것으로 나타났다. 요인을 분석해보면 대기업 본사에서 여전히 대졸 신입사원 채용을 주도하고 있으며, 취업난이 점차 심각해지면서 소위 서울지역 명문대학의 졸업자들도 합격만 된다면 지방근무를 마다하지 않고 지청하기 때문이다. 아무리 스펙이 좋더라도 지방대 졸업자들에게는 대기업 사무직으로 입사할 수 있는 기회가 점차 줄어들고 있는 것이 현실이다.

또한 웬만한 중소기업보다 훨씬 높은 대기업 생산직 연봉을 꼽을 수 있다. 대기업의 현행 임금체계가 대졸자의 학력 하향 위조를 부채질하는 요인이라는 분석이 제기 되고 있다. 실제로 대기업 임금체계의 경우 입사 초기에는 대졸 사무직의 기본급이 높지만 근속연수가 늘어날수록 각종 근로수당이 많아지면서 생산직의 평균 임금이 사무직을 앞지르는 경우도 있다. 이는 우리나라 대기업들이 근무기간이 오래될수록 임금이 많아지는 연공서열식 임금 시스템을 여전히 고수하기 때문이다. 올해부터 300인 이상 사업장은 정년 60세 의무화 법안을 시행하게 되지만, 실제로 노조가입이 안 되는 간부 사무직은 40대 초반부터 명예퇴직 스트레스에 시달리게 된다. 반면에 생산직으로 입사한 직원들은 노조가 상대적으로 강해 비교적 안정적으로 고용을 보장받을 수 있다.

대졸자 실업문제를 근본적으로 해결하기 위해서는 학력과잉 현상부터 해결해야 한다. 대졸자 실업난의 원인이 지나친 고학력 구조가 불러온 좋은 일자리 부족에 기인하기 때문이다. 한 취업정보 전문기관의 조사결과에 따르면 대졸자들은 평균 27.3회 입사지원서를 내고도 취직 성공률이 40%를 밑돈다고 한다. 이렇게 대졸자들의 구직난이 심각한 상황에서 중소기업은 여전히 구인난을 겪고 있는 것이 현실이다. 학력과잉이 이러한 노동시장의 불일치를 부추기고 고학력

실업자를 양산하고 있다. 특히 학력별 과잉학력은 전문대 졸업자가 39.4%로 가장 비율이 가장 높았는데, 이는 이들의 일자리가 고졸 일자리와 비교했을 때 질적 차이가 크지 않기 때문이다.

학력에 대한 선입견도 바뀌어야 한다. 취업이나 임금 등 실용적인 측면에서 대학진학의 매력이 감소하고 있는 것은 사실이지만 승진이나 사회생활에서 학력에 따라 차별을 받을 수 있다는 우려에서 대학을 반드시 나와야 한다는 사회적 인식은 여전하다. 대학을 안 가고도 기술이나 기능 전문가의 길을 걷는 독일이나 일본의 사회문화와는 큰 차이가 있는 것이다. 굳이 대학을 졸업하지 않더라도 기술이나 기능 분야에서 그 전문성을 인정받으면 충분히 대우받을 수 있는 숙련기술인 우대 정책을 통해 사회적 인식과 편견을 변화시켜 나가야 한다. 학력보다 직무능력에 따라 채용하고 이에 따라서 공정한 평가와 보상을 받을 수 있는 사회적 시스템의 도입이 절실하다. 경쟁과 대학진학만을 부추기는 우리의 교육정책의 변화와 중고등학교 시기부터 다양한 분야로의 진출을 유도하는 실질적인 경력개발 제도의 도입도 반드시 필요하다.

기업의 인사관리 관행 변화가 필요하다

2016.03.29.

최근 글로벌 경쟁이 강화되고 있는 시점에서 기업이 외부 경쟁력을 창출하고 지속적인 발전을 도모하기 위한 원동력으로 기업 내부의 효율적 관리에만 매달리기 힘든 것이 현실이다. 따라서 조직은 환경 적응의 차원을 넘어 변화를 선도하고 창조할 수 있는 전략자원을 확보해야 한다는 것을 최상의 과제로 인식해야 한다.

스탠포드대 경영대학원 Pfeffer 교수도 과거 기업의 경쟁우위의 요소로 생산 및 공정기술 수준, 시장보호 및 규제, 투자자금 조달의 용이성 및 규모의 경제를 제시한 바 있으나, 글로벌 시장규제나 시장보호 조치가 점진적으로 폐지되고 국가간 자유무역협정 체결을 통해 회원국 간 상품 서비스 투자, 지적재산권, 정부조달 등에 대한 관세·비관세 장벽이 완화되고, 상호간 교역 증진을 도모하는 상황에서는 더 이상 이러한 요소들을 차별화된 핵심역량으로 분류하기는 어렵다고 주장한다.

이같이 급변하는 경영환경에서 인적자원은 기업의 부가가치를 창출하고, 희소성을 가지며, 모방이나 대체가 불가능한 자원으로 기업 경쟁력을 좌우하는 핵심요소로 부각되고 있다. 글로벌 기업들도 조직의 대내외 경쟁력을 높이기 위한 방법으로 인적자원을 행정적으로 관리하는 수준을 넘어 기존의 비합리적이고 자의적인 인사관리 관행에서 기업의 성과 창출에 기여할 수 있는 전략적 인적자원관리의 차원으로 역할의 변화를 지속적으로 꾀하고 있다.

인적자원관리는 개인과 조직의 목표를 달성하기 위해 인적자원의 모집, 선발, 유지, 개발 및 이용과 관련한 관리활동들의 집합을 의미한다. 전략적 인적자원관리 개념은 인적자원관리의 개별 활동 간의 상호작용을 고려하여 전략적 경영관리 활동을 연계시키는 수직적 적합과 인적자원관리 활동 간의 조화와 일치를 의미하는 수평적 적합을 모두 포함한다.

그러나 우리나라의 대다수의 기업들은 아직도 과거의 관행을 따르고 있지 않은가 묻고 싶다. 조직에서 인사업무를 담당하고 있는 구성원들이 실제 기업에서 수행하고 있는 생산, 연구개발, 판매, 구매 등의 본연적 업무와는 분리되어 있으며, 많은 인사부서는 여전히 행정적 업무만을 수행한다. IMF금융위기 이후에 국내 대기업을 중심으로 선진국의 인사관리 시스템을 너도나도 도입하였으나 성공보다는 실패로 이어지는 경우가 많았다. 특히 기업전략 수립단계에서 함께 고민해야 하는 인적자원관리, 인적자원개발 및 노사관계에 대한 글로벌 표준과 한국적 특성을 모두 고려해야 하는 점에서 기업들은 어려움에 봉착했다. 노사관계의 경우에는 노사 간에 불신이 뿌리 깊게 자리잡은 데다 공권력 투입으로 갈등의 골이 깊어진 기업들도 있다. 노사관계는 기본적으로 노동력을 공급하는 근로자와 사용자 간의 관계를 의미하는데, 근로자에 대한 보상은 노동력의 가격으로 산정되며 이에 대한 집단적 교섭력을 높이고 근무환경을 개선하기 위한 노력으로부터 시작된다.

최근 현대차는 사내 하청 근로자들 2000명을 정규직으로 채용하는 계획을 발표했다. 이로써 2005년부터 지루하게 이어진 현대차 비정규직의 정규직 선환 문세가 10여년 민에 해법을 찾았다. 2005년 당시 문제가 된 사내 하청 근로자 6800명 가운데, 2017년 말까지 사내 하청 근로자 6000명을 정규직으로 전환하고 나머지 800명은 2018년부터 정규직으로 채용하기로 잠정합의했다. 물론 불씨가 완전히 꺼진 건 아니다. 이번 합의문에는 대법원 판결 시점 이전에 입사해 현재 직접생산 하청업체에서 일하는 노동자에게만 적용되어 600명가량은 대상에서 빠져 있다. 그러나 산업계가 직면한 사내 하도급 문제를 해결하는 사례가 될 것으로 기대한다.

스위스 국제경영개발원(IMD)에서 발표한 '국가경쟁력 지표'에서도 한국의 노사관계 경쟁력은 57위로 매우 낮다. 세계적인 경기불황과 미국과 유럽의 경제위기의 지속으로 인하여 세계시장에서 기업경쟁이 심화되고 있는 시점에서 지속적으로 국내 기업의 경쟁력을 높이기 위해서는 노사 신뢰에 바탕을 둔 창조적 협력이 무엇보다도 절실하다. 특히 기업들은 경기침체와 매출 감소로 인한 수익성 악화에 단기적으로 대응하기 보다는 경쟁우위의 원천인 인적자원을 전략적으로 활용할 수 있는 중장기적인 'HR Big Picture'를 그려보고 실행해 볼 것을 제안한다.

글로벌 시장 변화와 다양성에 대한 우리의 인식

2016.02.28.

뉴욕타임즈의 칼럼리스트인 토머스 프리드먼은 2005년 <World is flat>라는 책을 출간하면서 단조롭고 동시적이 되어가는 세계사회를 묘사한 바 있다. 즉, 요즘 세계는 어디를 가든지 동일한 패스푸드체인의 옐로우아치 아래서 거의 동일한 맛의 햄버거를 시식하고 탄산음료를 마실 수 있다는 사실을 직시한 것이다. 심지어 최근에는 우리나라의 대표적인 빵집이 해외지점을 활발히 내면서 중국 및 동남아 국가는 물론 서구시장에서도 시장확대를 꿈꾸고 있다.

세계 금융시장의 움직임을 살펴 볼 때도 이는 매우 타당한 비유다. 어제 저녁 유럽의 한 나라에서 시작된 경제위기가 다음날 아침 우리 주식시장에도 반영되고 있는 상황에 대해 '평평한 세상'이라고 비유한 것은 적절해 보인다. 이는 단순히 수출의존적인 경제구조를 지니고 있어 외부시장 변화에 민감한 우리나라에만 적용되는 사항은 아니다. 중국의 상해 지수가 되었건 영국의 FTSE100 지수가 되었건, 어느 나라 금융시장이건 간에 이러한 동조에 벗어나는 움직임을 보기가 점점 더 어려워지고 있다.

나이가 든 세대는 그렇다고 치고 어린 시절부터 수많은 미디어에 노출되어 온 세대들을 보자. 최근 한류의 바람은 이웃나라 중국이나 일본, 대만 등에서 불던 시기와는 다른 양상을 보여준다. 1993년 한국의 드라마가 중국에서 방영되는 외국 드라마 중에서 최고의 시청

률을 기록하면서 현지 언론 매체가 한류라는 용어를 사용하기 시작했는데, 예전에는 주로 외모가 비슷한 동양권이나 특정 세대에 국한되는 경향이 있었다. 그러나 지금은 남미나 보수적이고 자국문화에 대한 자부심에 있어 세계 최고라 할 수 있는 프랑스에서조차 한국 아이돌 바람이 거세게 불고 있다.

필자가 있는 대학에도 다양한 국가로부터 한국을 배우러 오는 학생들이 점차 늘어나고 있다. 특히 프랑스, 독일, 미국, 캐나다 등 선진국가들도 교환학생 제도를 활용해 단순한 어학연수가 아니라 경영학이나 해당분야의 전공 수업을 듣는 학생들도 점차 늘고 있다. 심지어 수강생 전체가 외국인으로 구성되어 있는 과목도 있으며 영어로 이루어지는 전공강의의 경우 20~30%의 수강생이 외국인 학생들로 구성돼 있어 다양한 문화권에서 온 학생들의 특성을 고려해 수업에 임해야 할 경우가 발생한다.

보이는 차이가 극명함에도 이러한 현상들이 일어나고 있는 몇 개의 원인을 구체적으로 규정할 수는 없지만 매우 강한 글로벌 동조화의 힘이 작용한다는 점에는 동의할 수밖에 없다. 즉 세계는 어느 정도는 평평하다. 그리고 이러한 환경이 우리에게 미치는 영향을 굳이 설명할 필요도 없이 이미 한국에서 실생활에 상당 부분이 반영되어 있다.

그러면 이렇게 평평한 세상은 우리에게 기회가 되는가 위협이 되는가? 아마 긍정적으로 생각하면 유사한 요구를 가진 큰 시장을 볼 수 있는 상황이라고 말할 수 있을 것이다. 그러나 다른 국가들은 가만히 있겠는가? 누구나 그 커보이는 기회의 시장을 향해 떼지어 돌진하고 있을 것이다. 우리나라에도 메모리 반도체시장과 무선사업 시장에서 우위를 점하는 삼성전자와 같이 평평한 세상에서 승자가 될 조건을 가진 회사가 있기는 하다. 하지만 대부분이 그렇지 못한 것이 현실이다. 또한 이러한 절대강자도 수많은 경쟁자로부터 하루하루 도전을 받고 있다.

미국은 51개 주가 연합한 연방국가임에도 시골 어느 구석을 가든지 잘 정비된 인프라와 월마트와 같은 동일한 상업시설을 볼 때 하나라는 생각이 든다. 그러나 미국도 결코 한 나라가 아니다. 지리적으로 갈라져 있는 것은 물론이고 인종적으로도 소득수준으로도 지독하게 분리되어 있다. 동부와 서부가 상극에 가까운 가치관과 문화를 가지고 있으며, 다른 인종들은 생각처럼 섞여 공존하지 못한다. 더불어 성적 성향 및 정체성과 같은 새로운 문제에 대해 주마다 각기 다른 규범과 법규로 혼란스럽기 그지없다. 그러면 중국의 상황은 어떠한가? 과연 중국은 하나의 나라인가? 생각해보라. 중국 북부의 네이멍구가 영하 50℃에 달하는 한파로 몸살을 겪고 있을 때, 남부 하이난에서 관광객들은 수영을 즐기고 있다. 인도는 어떠한가? 언어가 600여 개가 넘고 카스트라는 사회적 신분은 셀 수도 없이 많다.

이러한 다양성이 오히려 혼란스러운가? 하루하루 습득하는 정보량에 압도되는가? 다시 돌아가 생각해보자. 기업이나 개인으로 평평한 세계에서 최후가 승자가 될 역량을 충분히 갖춘 경우는 매우 드물 것이다. 그러므로, 분명히 이러한 다양성은 우리에게 기회가 된다. 다만 당신이 이러한 다양성을 이용할 수 있다는 전제하에 그렇다.

병신년 여전히 풀리지 않는 지역경제, 다시 짚어본다

2016.01.25.

새해가 밝은지 이미 한 달이 지나가고 있지만 필자는 2016년 대한민국의 정치적, 경제적 상황을 보면서 아직도 을미년에 머물러 있는 느낌을 갖게 된다. 무슨 이유일까? 아마도 정치권은 민생을 논하기 보다 4월13일 총선을 앞두고 편가르기와 힘겨루기를 계속하고 있고, 병신년에도 경제상황이 그리 낙관적이지 않기 때문일 것이다. 내수를 중심으로 경기회복 모멘텀이 강화되고 있지만 여전히 수출이 감소세를 지속하고 있는 가운데 미국의 금리인상으로 중국 및 자원국 등 신흥국들의 경기둔화 우려와 유로지역 디플레이션 우려 및 난민 유입문제 등 대외 위험요인이 상존하고 있다.

지난 주말 모처럼 여야는 기업활력제고특별법, 북한인권법 등 2개 법안 처리에 합의를 했으나, 여전히 쟁점 법안인 노동개혁 5대 법안, 서비스산업발전기본법, 테러방지법 등은 접점을 찾지 못하고 있는 실정이다. 더구나 지난 19일 한국노총의 9·15 노사정 합의 파기 및 노사정위원회 불참 선언으로 작년 9월 이후 진행돼 온 노동시장 개혁과 관련된 논의가 완전히 중단되었으며 향후 극심한 노사정 갈등이 불가피할 전망이다. 1998년 발족 이래 18년 만에 노사정위원회도 최대 위기에 봉착하고 있다.

2015년 IMF의 한국경제 경제성장률 추정치는 2.7%, 2016년 전망치를 3.2% 성장으로 내다보고 있다. 동남권을 중심으로 경제성장률을 분석한 결과를 살펴보면 2015년 1.5%에서 2016년 2.7%로 전년 대비하여 다소 회복될 것으로 전망하고 있다. 특히 울산지역의 경우 0.3%의 경제성장률을 기록한 작년 대비 1.7% 정도 상승한 2.0%를 예상하고 있다.

그러면 실제 울산지역 주력산업을 중심으로 전망과 특징을 살펴보면 어떠할까? 자동차산업의 상승세는 당분간 지속될 것으로 예상되고 있으며, 석유정제업 및 조선업 생산 증가 등에 힘입어 성장률은 다소 확대될 것으로 예상된다. 다만 중국의 자급률 제고 등에 따른 석유화학업의 부진은 여전히 성장의 하방요인으로 작용할 전망이다. 특히 울산상공회의소가 발표한 1분기 기업경기실사지수 전망치도 89로 나타나 지역경제의 어려움이 당분간 지속될 것으로 전망하고 있다.

산업별로 세부적으로 살펴보자. 자동차의 경우 정부의 개별소비세 인하 혜택과 유가하락으로 인한 구매욕구 상승 등으로 국내와 글로벌 판매가 호조세를 보이고 있는 가운데, 올해도 RV차량 판매 증가와 신차모델의 글로벌 판매 가세로 판매량은 더욱 증가할 것으로 기대하고 있다. 그러나 여전히 노동개혁과 임금피크제 등의 민감한 사안들이 남아 있어서 이로 인한 지역 대기업의 불안전한 노사관계가 영업환경에 영향을 미칠 것으로 예상된다.

석유화학은 기업들의 영업환경 개선노력과 시황호조를 통해 실적개선이 이루어졌으나 정유업계는 이란의 원유 증산이 가시화되면서 공급과잉에 따라 가격경쟁으로 또한, 중국의 신·증설에 따른 자급률이 상승하고 경쟁사들의 시설에 대한 정기보수 완료로 인한 석유화학 제품의 공급과잉은 매출과 영업이익의 감소로 이어져 업황이 더욱 불투명해질 것으로 전망된다.

조선도 유가급락으로 기존 수주 물량의 납기가 늦춰지고 주문취소가 이어지는 상황에서 유가가 더 떨어질 경우 어려움이 더욱 가중될 전망이다. 최근 해양플랜트의 경우 발주가 끊기다시피했으며 상선부문도 글로벌 저성장 국면으로 발주가 쉽지 않은 상황으로 올해도 저유가로 인한 영향이 지속되면서 수주와 실적부진이 해소되기 어려울 것으로 예상된다.

울산의 특성상 수출산업을 주력으로 하는 대기업 비중이 다른 지역보다 높고, 이에 따른 협력사들의 대기업 의존도 또한 높아서 대기업의 수출실적에 따라 도시 전체의 활력과 지역 상권에도 영향을 미친다. 따라서 어려운 상황을 타개하기 위한 지역 경제주체들의 단합된 노력이 필요하다. 기업은 혁신역량을 강화하는데 노력을 기울이고, 지자체와 지역공공기관은 이미 보유하고 있는 역량을 결집할 수 있도록 플랫폼을 제공해야 할 것이다. 또한 일부 산업부문에서 이미 진행되고 있는 기업의 탈 울산화를 방지하기 위한 지자체와 공공기관, 관련 대기업들의 노력도 필요하다. 지역 내 기업의 이전 방지 및 타지역 기업 유치를 위해 경영효율성 제고를 위한 체계적인 지원, 지역산업정책의 정비 등 기업경영여건 개선 및 지원 시스템 구축이 시급하다.

정주영이 현 시대에 다시 던지는 질문, "이봐 해봤어!"

2015.12.03.

경영인들을 대상으로 시행한 한 설문조사에서 한국을 대표하는 경영인의 최고 어록으로 정주영 현대그룹 명예회장의 '이봐, 해봤어!'가 선정됐다. 특유의 추진력과 불굴의 의지로 끊임없이 불가능에 도전해온 아산의 리더십이 경영인들의 뇌리에 여전히 높게 평가되고 있다. 최근 청년실업률 증가, 9개월 연속 수출감소 등 경제적 위기의식을 느끼면서 정주영 회장의 기업가 정신이 다시 주목 받고 있다. 최근 언론이나 SNS를 달구고 있는 '수저론'이나 실패를 용납하지 않는 우리 사회의 구조적인 문제, 대기업이나 공무원 등 안정적인 직장을 선호하는 청년 구직자 등을 보면서 한국사회에서 도전적인 기업가정신이 살아남을 수 있는가 하는 위기의식을 느끼게 된다.

최근 회자되고 있는 수저론은 대기업과 중소기업, 그리고 잘 사는 사람과 못 사는 사람, 또한 아무리 노력을 해도 개선될 수 없는 답답한 상황에 대해서 우리 국민들과 청년들이 만들어낸 신조어이다. 이러한 말이 나오는 이유는 실제로 살기 힘든 것도 있지만, 그것보다는 빈부 격차가 심해지고 무엇보다 이러한 비판의 가장 근본적인 원인은 개인이 아무리 노력해봐야 풍족한 삶을 누릴 수 없다는 인식이 점점 퍼지고 있다는 점이다. 실제 미국에서도 대공황 등의 어려운 사정 아래서 실직자가 늘면서 이러한 염세적인 사상이 퍼지기도 했는데,

우리나라에서도 최근 일자리 문제나 정년연장 등의 사회이슈에 대해서 세내 간의 갈등이 발생하고, 주요 인사들의 각종 부조리가 더욱 자주 노출되면서 공격성을 띠는 것이다.

정주영 회장이 살아있다면 이러한 현 시대를 어떻게 바라보고 있을까? 아산 탄생 100주년을 맞아 최근 사회각계에서는 한국 현대사의 거인인 정주영 명예회장의 경영철학과 기업가정신에 대해서 재조명하고 있다. 사실 요즘 학생들은 아산의 리더십보다는 마이크로소프트의 빌게이츠, 애플의 스티브 잡스나 아마존의 제프 베조스 등 해외 IT기업 최고경영자에 대해 맹목적으로 추앙하고 있다. 그러나 정주영 회장도 1940년대 자동차 정비회사인 아도 서비스를 시작으로 1946년 4월에 현대자동차공업사를, 1947년 현대토건사를 설립한 자랑스런 청년 기업가였다.

정주영 회장의 기업경영은 1960년대부터 시작된 사회간접시설에 대한 투자와 건설사업을 주도하면서 한국경제사의 성장과 중요한 궤적을 함께 했다. 경부고속도로 건설, 조선사업, 해외 건설사업 진출, 자동차 독자모델 개발, 88올림픽 유치, 사회복지사업 전개, 대북사업에 이르기까지 어떠한 위험에도 정면대응하고 이를 극복해 우리나라 경제발전사에 커다란 이정표를 이루는 일들을 기업가정신으로 해내었다. 이제 현대자동차, 현대중공업, 현대건설 등은 우리나라의 대표기업이자 세계적인 글로벌 기업들로 성장하였다.

세계적인 경제학자 슘페터는 이윤 추구를 위해 새로운 방식으로 새로운 상품을 개발하는 것을 기술 혁신이라고 규정하고, 이러한 기술 혁신을 통해 '창조적 파괴'에 앞장서는 기업가의 노력이나 의욕을 기업가 정신이라고 정의했다. 현대그룹이 근현대사에 있어서 급성장할 수 있었던 비결은 정주영의 경영방식이 모방을 넘어서 혁신으로 진화했기 때문이다. 기업가정신은 위험과 불확실성을 무릅쓰고 이윤을 추구하고자 하는 기업가의 모험적이고 창의적인 정신이다. 경제를 발전시키고 기술을 진보시키는 원동력이며 이 세상을 움직이는 힘이다. 정주영 회장은 쌀가게 직원에서 시작해 자동차 수리점, 자동차 제조에서 건설업 등등 하나씩 자신의 한계를 넘어서 늘 새로운 일을 벌이고 그것을 달성한 시대적 인물이라는 점에서 높이 평가할 수 있다.

정주영 회장 생존 시와 2015년 12월 현재의 경영 환경의 시대적 차이는 분명이 있다. 그러나 기업경영을 위협하는 기회와 위협요인이 산적해 있다는 측면에서는 유사한 상황이라 할 수 있다. 이에 돌파경영으로 정의되는 아산의 기업가 정신은 경영환경이 악화되고 있는 현재 국내기업과 청년 창업가들에게도 시사점을 제공한다. 즉, 그가 현실에 갇히지 않고 실패를 두려워하지 않았기 때문에 과거와는 다른 형태의 결실을 얻었고 어려움을 창의적으로 돌파하여 기업을 성장시켰다. 그를 창조경제 시대에 걸맞는 변혁적 리더라고 해야 할까? 정주영 회장이 기업을 경영하면서 수행하였던 기법들은 실제 학문적으로는 절대 설명될 수 없는 부분들이 너무도 많이 존재한다.

과연 대기업이 우리에게 지속적으로 일자리를 창출해 줄 수 있을까? 기업가정신이 사라진다면 당연히 일자리창출이 일어날 수가 없다. 대기업은 단지 성장에만 기여할 뿐 고용에는 기여하지 못한다. 미국의 경우에도 최근 4%의 벤처기업이 60%의 일자리를 만들어 내고 있는 것이 현실이다. 오히려 최근 신규 일자리를 창출하고 고용에 기여하는 것은 벤처기업이다. 그 어느 때보다 정주영의 기업가정신이 절실히 필요한 시기이다. 현실에 안주하지 않고 새로운 가치를 창출하고 위험을 두려워하지 않는 청년 기업가들이 많이 나와야 우리 경제가 다시 활력을 찾고 성장할 수 있을 것이다.

노사정 대타협과 일반해고를 둘러싼 논쟁

2015.11.03.

노사정 대타협을 이룬지 한 달 반이 넘게 지났지만 노동개혁 후속작업은 좀처럼 속도를 내지 못하고 있다. 정부와 여당은 노동개혁 5대 입법 발의를 강행하였으나 야당과 노동계의 거센 반발에 밀려서 후속 조치는 지지부진한 형국이다.

특히 핵심사안인 비정규직 사용기간과 파견 확대 등의 사안에 대해서는 여야 간의 공방이 치열하다. 실제 '기간제근로자법'과 '파견근로자법' 개정안은 노동계의 반발이 워낙 거세서 노사정위원회에서도 추후에 논의하는 것으로 남겨둔 과제였다. 노사정 합의에 포함되지 않은 비정규직 사용기간 연장까지 5대 법안에 포함시켰다는 야당 측의 비난이 만만치 않으며 역사교과서 국정화와 선거구 획정의 혼란 속에서 노동개혁이 표류할 수도 있다는 우려도 제기되고 있다.

노사정은 대타협 과정에서 사실상 일반해고 요건 완화나 취업규칙 변경 문제를 중장기 과제로 돌렸다. 합의문을 살펴보아도 구체적인 내용은 없으며 기준과 절차를 차후에 명확히 하되 정부가 일방적으로 시행하지 않으며 노사와 충분한 협의를 거친다는 선언문 수준에 그쳤다. 그러나 정년 60세 법제화를 목전에 두고 있는 상황에서 기업과 노동계는 정부의 중재만을 기다리고 있을 수 없는 상황이다.

특히 일반해고와 관련해서는 사용자가 근로자를 정당한 이유 없이 해고하지 못한다고 규정한 근로기준법 제23조를 둘러싼 논쟁이다. 현행 근로기준법 제23조에서는 근로자에 대한 해고를 엄격하게 제한하고 사측에서 근로자를 해고할 수 있는 방법은 '징계해고'와 '정리해고' 두 가지로 제한하고 있다. 여기서 징계해고란 근로자가 횡령 등 개인적인 비리나 심각한 법규 위반을 저질렀을 경우 해고할 수 있도록 한 것이고, 정리해고는 기업의 경영사정이 극도로 악화됐을 때 근로자의 대규모 해고가 가능하다는 것이다.

그러나 일반해고는 미국이나 유럽 등 선진국에서와 같이 저성과자나 근무태도가 불량한 종업원들을 대상으로 해고할 수 있도록 허용하는 것을 의미한다. 향후 노사정은 법과 판례를 바탕으로 가이드라인을 만들어 법제화를 추진하기로 결정하였으나 이 또한 실제 가이드라인 작성과 법제화 단계에서는 노사 간의 의견차이로 협의과정에서 난항이 예상된다.

사측은 저성과자를 회사에 남겨두는 것은 비용적인 측면뿐 아니라 회사의 분위기 차원에서도 손실을 가져올 수 있다는 주장이나 노동계에서는 일반해고를 너무 쉽게 허용함으로써 조직에서의 성과와 상관없이 회사에서 내보내고 싶은 대상을 표적해고할 수 있다는 논리이다. 이러한 노사 양측의 우려를 불식시키기 위해서는 보다 합리적이고 공정한 성과평가 시스템을 도입하는 것이 우선적으로 필요하다.

또한 실제 해고의 정당성을 두고 수많은 분쟁이 벌어지고 있는데 매년 1만3000여건이 넘는 부당해고 소송이 제기되고 있다. 정부는 이러한 노사간의 의견차이가 더 이상의 소모적인 논쟁으로 확대되지 않도록 균형적인 시각과 판례를 제시해야 할 것이다.

취업규칙은 채용, 인사, 해고 등과 관련된 기업의 사규를 의미한다. 취업규칙에 대한 임의의 변경은 근로자들에게 불이익을 줄 수 있다고 판단하여 취업규칙의 변경이 필요한 사항에는 반드시 노조나 근로자 과반수 대표의 동의를 받도록 되어 있다. 노동계는 취업규칙의 변경요건을 완화할 경우 노동조건 악화 및 사측이 원하는 취업규칙을 임의로 도입할 수 있을 것이라 우려하여 강력하게 반발하고 있다. 그러나 정부와 여당은 최근 공공기관을 중심으로 의무적으로 도입하게 유도하고 있는 임금피크제 등 합리적 노사관계를 활성화하기 위해서는 반드시 취업규칙 변경요건 완화를 추진하겠다는 입장이다.

지난달 31일 강원랜드를 마지막으로 산업통상자원부 40개 공공기관이 모두 임금피크제 도입을 마쳤다. 이들의 임금피크제 도입으로 향후 2년간 2300여개의 신규 일자리 창출이 가능할 것으로 예측한다. 그러나 취업규칙의 변경이 기업이나 공공기관의 쉬운 해고를 지원하고 일방적인 임금 삭감을 위한 수단으로 활용돼서는 안된다. 청년들에게도 취업할 수 있는 기회를 확대하고 근로자들에게는 생애고용안정성을 제공할 수 있는 제도적 장치를 마련하는 준비가 필요할 것이다.

노사정 대타협 이후의 후속과제는 어디로

2015.10.04.

노동시장 구조개혁을 위한 노사정의 협의는 2대 쟁점에 막혀 난항을 거듭했지만 지난 9월15일 극적인 합의에 도달했다. 2대 주요쟁점은 취업규칙 변경요건 완화와 일반해고 가이드라인을 제정하는 문제였다.

즉 취업규칙을 근로자에게 불리하게 바꿀 때 노조의 동의없이 변경할 수 있도록 하는 것과 저성과자의 해고와 관련된 가이드라인을 제정하는 문제가 핵심이슈이다. 노사 모두 만족스러운 수준의 합의결과는 아니지만 이번 대타협이 청년실업 문제 해결의 계기가 되기를 기대하며, 노사정이 어려운 상황에서 양보와 타협을 통해 합의에 도출한 점에 대해서는 높이 평가한다는 입장이다.

합의안에 담고 있는 주요내용을 살펴보면 '근로계약 체결 및 해지의 기준과 절차를 법과 판례에 따라 명확히 한다. 이 과정에서 정부는 일방적으로 시행치 않으며, 노사와 충분한 협의를 거친다'는 내용을 포함하고 있으며, 또한 취업규칙 변경요건에 대해서는 '임금피크제 도입 등 임금피크제 개편과 관련, 취업규칙 개정을 위한 요건과 절차를 명확히 한다. 이 과정에서 정부는 일방적으로 시행치 않으며, 노사와 충분한 협의를 거친다'고 합의했다.

이에 대한 후속조치로 노사정위원회는 지난 1일 노사정대타협이 마무리된 이후 보름여만에 회의체를 다시 가동하기 시작했다. 물론 안건은 노사정 대타협 후속과제 협의체 구성 및 세부 논의일정의 구체화이다. 노사정 대타협에서 미완의 꼬리표를 붙인 근로계약해지와 불리한 취업규칙 변경 허용 등 2대 주요지침과 비정규직 관련 문제가 논의의 쟁점이다. 노사정은 대타협 과정에서 사실상 일반해고 지침 마련을 중장기 과제로 돌렸다. 이는 비정규직 사안과 달리 법제화와 관계가 없기에 정기국회 마감시한 등의 물리적인 기한에 영향을 받지 않는다.

특히 비정규직과 관련해서는 계약기간을 35세 이상일 경우 2년에서 4년으로 늘리는 사안 등을 포함한 비정규직 파견법 및 기간제법 개정 등 아직 내용조차 확정되지 못한 내용을 다루어야 한다. 한국은 2011년 기준 근속 1년 미만인 단기근속자 비율이 35.5%로 파악돼 OECD 회원국 중 가장 높으며, 근속 10년 이상 장기근속자 비율도 18.1%로 회원국 중 가장 낮은 것으로 보고된다.

노사정위는 비정규직법 관련 문제를 우선적으로 논의한다는 입장이지만 노동계와 정부의 의견 차이는 여전히 크다. 정부에서는 비정규직법을 10월 이내에 정리하여 국회에서 논의할 수 있도록 하는 것을 주장하지만 노동계에서는 법제화는 충분한 시간과 논의가 필요하다고 거듭 강조하는 것이 현실이다.

이 시점에서 노동시장의 개혁을 통해 국민들이 바라는 것이 무엇인지 노사정은 다시 한번 되새겨 볼 필요가 있다. 국민들이 바라는 것은 노사정 대타협을 통해 더욱 많은 일자리가 창출되고 우리사회의 고질적인 문제로 제기되고 있는 노동시장의 격차를 어떻게 해소하느냐이다. 개혁의 필요성은 노사정 모두가 공감하고 있으나 여전히 주요쟁점들에 대해서는 상호간의 불신과 오해로 사회적 대타협이 이루어지고 있지 못한 상황으로 보인다.

산업화, 고성장 시대에 적합한 연공급 임금체계, 불합리한 노사관계, 취약한 사회안전망 개선 등은 이번 논의에서 반드시 심도있게 다루어져야 할 것이다. 우리 국민들이 원하는 노사정 대타협의 핵심은 일자리 창출이고 공정하고 유연한 노동시장을 구축하여 능력중심의 사회를 구현하는 것이다. 기업의 쉬운 해고를 지원하고 일방적인 임금 삭감을 위한 수단으로 활용돼서는 안되며, 근로자들에게 생애 고용안정을 제공하고 궁극적으로는 능력있는 청년들에게도 기회를 확대하여 기업의 경쟁력도 강화해야 한다. 물론 비정규직 감소 및 이들에 대한 고용안정의 해결도 중요하다.

임금피크제, 기업문화와 인사제도 개편에서 시작해야

2015.09.01.

최근 대기업을 중심으로 정년을 앞당겨 연장하는 경우가 있으나 승진을 누락하면 퇴사를 하는 것이 관행처럼 여겨지는 지금의 기업문화에서 실효성을 거두기란 쉽지 않을 것이다. 최근 한 기업경영 평가기관의 조사결과에 따르면 주요 상장사 직원들의 평균 근속연수는 10.3년에 불가하고 이마저도 점차 줄어드는 추세라고 한다. 대기업의 평균 임원들의 나이도 52세로 실제 20대 중후반에 회사에 입사하여 40대 중반이면 부장으로 승진하는 일반 사무직 직원들에게는 정년까지 다다르는 15년 정도의 시간을 버티기란 쉽지 않을 것이다. 이에 경쟁이 치열한 주요 기업들의 직원들은 임원 승진을 못하면 퇴사하는 사례도 적지 않다.

300인 이상 사업장의 60세 이상 정년 의무화를 5개월 앞두고 고용시장의 변화가 물밑에서 급격히 진행되고 있다. 경기 침체로 수익성 악화를 겪는 기업들은 신입사원 채용인력을 줄이거나 정년 연장으로 임금상승이 우려되는 50대 전후의 사무직 직원들을 조용히 명퇴시키기도 한다.

물론 대기업에도 정년 퇴직자가 없는 것은 아니다. 그러나 대부분의 인력은 생산현장의 기능직에 국한되어 있으며 일반 사무직 직원들이 정년까지 채우는 비중은 미비하였던 것이 사실이다. 최근 주요 대기업에서도 부장 직급으로 정년을 채우고 퇴사하는 직원들이 있기는 하나 이러한 인원은 전체 임직원 수의 0.5%를 넘지 않는다. 더욱이 기업의 규모나 업종에 따라서 이러한 영향은 다를 수 있으나 정년 60세 의무화 법안이 실시되는 2016년부터 대기업이나 공기업에서의 신규채용 인력이 줄어들고 젊은층 일자리 감소에 영향을 미칠 것으로 예상된다. 기업의 정년이 3~5년 늘어남에 따라 해당기간 동안에는 인건비 부담으로 대규모 신규 채용을 할 수 있는 여력을 가진 기업이 많지 않으며 이러한 현상은 공기업이나 공공기관도 마찬가지이다.

이에 줄어드는 신규일자리를 늘리고자 정부는 임금피크제 도입과 청년 일자리 창출을 연계시킬 수 있는 방안을 제시하였는데, 모든 공공기관에 우선적으로 임금피크제를 도입해 임금피크제 인원만큼 별도정원으로 추가 고용하는 방식으로 2년간 8000명의 청년을 신규 채용하겠다는 내용이다. 이와 함께 지난 8월12일 임금피크제 도입 속도를 올리기 위해 제도 도입 여부뿐만 아니라 도입 시기도 공공기관의 경영평가에 반영하기로 했다고 밝힌 바 있다. 도입 여부와 속도를 반영해 경영평가에서 최대 3점까지 차이를 둔다는 계획이다.

또한 임금피크제 도입을 미루는 공공기관에 대해서는 임금을 사실상 강제로 깎는 방안도 추진하기로 했는데 기획재정부는 임금피크제 도입 여부나 시기에 따라 아예 임금인상률도 차등 적용하기로 하고 세부 방안을 검토 중이다. 임직원 전체에게 영향을 미치는 강력한 압박수단으로 임금인상률을 활용하겠다는 의미다. 그러나 경영평가는 공기업과 준정부기관이 대상이라 199곳에 달하는 기타 공공기관에는 구속력이 없다는 한계점을 여전히 가지고 있다.

정부의 임금피크제와 연계된 신규채용을 늘리는 방안은 단기적으로 공공기관에는 영향을 미칠 수 있겠으나 대외 경영환경의 영향을 받는 민간기업에도 일률적으로 적용하기는 어렵다. 또한 연공형에 기반한 국내기업의 인사 및 임금제도의 조속한 개편 없이 이러만 문제를 해결하기란 쉽지 않을 것이며 무엇보다도 직무중심으로 인사관리 체제를 전환하고자 하는 기업의 자발적인 노력이 필요하다. 현재 대부분의 국내기업들이 적용하고 있는 연공형 임금제도하에서 정년연장이 실시되면 회사의 인건비 부담이 가파르게 증가할 것으로 예상되므로 단계적으로 직무중심의 인사체계로 전환하고 근속이나 연령 증가에 따른 임금 상승분을 완화하는 제도적 보완도 반드시 필요하다.

청년 일자리 창출, 노사정의 대화와 협력으로부터

2015.08.02.

최근 정부는 경제계와 함께 '청년 일자리 기회 20만 플러스 프로젝트'를 추진하기로 결정했다. 2017년까지 민간부분 일자리 16만개와 공공기관 일자리 4만개를 포함해 총 20만개 이상의 젊은이들을 위한 일자리를 창출하겠다는 계획이다. 특히 민간부분의 일자리는 신규채용뿐만 아니라 인턴 및 직업훈련 등 일자리를 찾을 수 있는 기회를 적극 제공하겠다고 발표했다.

기업들도 청년인력을 우선적으로 채용하고 정년 60세 의무화 시점과 맞물려 임금피크제를 도입하여 청년들을 위한 신규일자리 창출에 기여하겠다고 약속했다. 2017년까지 대기업, 중견기업, 해외기업 등에서 3만5000명을 채용하고, 중견기업 중심의 인턴 7만5000명, 대기업의 유망직종 직업훈련 및 일학습병행제를 확산하여 16만개의 일자리를 만들겠다는 것이 골자이다.

이를 현실화하기 위해서 정부는 관계장관 및 경제단체장이 참여하는 '청년고용절벽 해소를 위한 민관합동 대책회의'를 운영하고 추진상황을 지속적으로 점검할 계획이다. 또한 지역단위에서는 관계기관과 지역인적자원개발위원회 및 창조경제혁신센터 주관기업 등이 협력하여 지역별 청년 일자리 창출을 위한 세부 추진 방안을 마련하겠다고 발표했다.

대기업 및 창조경제혁신센터 등이 협력하여 취업희망자를 모집하고 대기업이 운영하는 연수시설과 교육훈련 프로그램 등을 활용하여 6개월 이상의 실효성 있는 직업교육을 실시하겠다는 계획이다. 이를 위해서 중소기업과의 직업교육 및 채용에 대한 업무협약을 토대로 고교 및 대학 졸업예정자와 졸업생을 대상으로 인턴십 프로그램을 제공하고 교육을 실시할 예정인데, 교육과정 종료 후 수료자들에겐 관련 협력업체 및 중소·벤처기업 등에 취업이 알선된다. 해당기업에서 일정기간 이상을 근무하면 해당 대기업 채용시에 우대 혜택을 주겠다는 방식이다.

앞으로 청년취업난이 더욱 심화될 것에 대비하여 정부와 재계가 협력하여 청년 일자리 문제를 해결하기 위해서 손을 맞잡았다는 것은 큰 의미가 있다. 하지만 노동시장의 구조개혁 및 대학교육의 체질개선 등의 근본적인 과제를 함께 해결해나가겠다는 최 부총리의 발언에서 과연 우리 앞에 놓인 노동시장의 난제들을 어디서부터 어떻게 풀어나가야 할지에 대한 막막함과 이러한 계획이 현실에서 시스템적으로 작동할 수 있을지에 대한 걱정이 앞선다.

특히 노동시장 구조개혁은 2016년 정년 60세 의무화 법안 실행 및 임금피크제의 도입과 맞물려 있다. 임금피크제란 근로자의 계속고용을 위해 일정 연령을 기준으로 임금을 조정하고 그 기간 동안 고용을 보장하는 제도인데 일반적으로 근로자의 임금은 삭감된다. 우리나라 근로자의 소득분포는 40대말 소득 수준이 정점에 이르고 50대가 되면 30대 후반 수준으로 떨어진다. 그러나 자녀교육 및 결혼 등 많은 지출이 필요로 하는 50대 중후반에 임금이 가파르게 하락한다면 근로자들에게는 매우 치명적일 수도 있다. 실제 임금피크제는 기업의 재무상태가 건실하고 장년층 적합직무가 개발되어 있는 경우가 아니라면 도입하기 쉽지 않은 제도이며 임금피크제의 도입은 종업원의 임금삭감으로 악용될 수도 있어 노동계의 거센 반발이 현실화되고 있는 실정이다. 정년보장형임금피크제는 각 기업이 단체협약이나 취업 규칙으로 정한 정년 연령을 보장하는 것을 전제로 임금을 조정하는 것으로 임금피크제를 초기에 도입한 기업들이 많이 채택했다.

노동계도 무조건적으로 임금피크제 모델을 반대만 할 것이 아니라 정년을 연장하거나 퇴직 후에도 고용을 연장하여 연장된 기간만큼 임금을 조정하게 되는 고용연장형임금피크제 모델의 도입도 검토할 것을 제시하고 싶다.

정부가 재계와 청년 일자리 창출을 유도하는 지원책을 내놓은 것은 일단 긍정적이지만 우리 앞에 놓여 있는 노동시장의 난제들을 노조도 포함하여 노사정이 함께 풀어내려는 공동의 노력이 반드시 필요하다. 또한 지역대학을 지역의 경제성장과 일자리 창출의 원동력으로 활용하고 노동시장에 진입하는 청년들이 고용기회를 공정하게 가지고 보상을 받을 수 있는 사회시스템을 구축하는 것이 필요하다. 물론 정부의 지원도 공정하게 추진되어 일자리 창출 프로젝트에 대한 추진상황 및 내용도 철저히 관리돼야 할 것이다.

임금피크제 도입은 노사정 대화로부터 시작해야

2015.07.01.

최근 우리나라의 낮은 출산율과 세계에서 가장 빠른 고령화 속도를 고려할 때 60세 정년의무화 법안의 2013년 4월 국회 본회의 통과는 늦었지만 적절하다고 판단되었다. 우리나라 근로자들의 평균 정년은 57세이나 실제 근로자들은 53세 정도에 퇴직하고 있고, 국민연금 수급연령이 61세 이후에 출생년도에 따라서 차등 적용되는 것을 감안하면 정년 연장법은 장년층의 소득공백을 채울 수 있는 가장 실효성 있는 대책이다.

그러나 법안이 통과한지 2년여가 지나고 실제로 300인 이상 사업장이 실행을 반년 앞두고 있는 현시점에서 우리 사회가 관심도와 노사정은 현실적인 이해와 준비를 하고 있는가에 대해서는 의문이다. 실제 대부분의 기업은 정년 연장에 대비하여 어떻게 준비해야 할지 모른 채 손을 놓고 다른 기업의 추이를 지켜보거나 기다리는 입장이다. 고민을 하더라도 아직 구체적인 대응 전략을 내놓지 못하고 있다. 발 빠르게 전략을 마련하는 기업이나 공공기관이 있으나 체계적인 조직분석을 통해서 인사관리 계획을 수립하고 실천하는 기업은 거의 없으며 최고경영층이나 인사담당자의 관심도 상대적으로 부족한 것이 우리의 현실이다. 특히 기업의 규모가 작을수록 마땅한 대응 전략이나 검토 계획조차 수립되지 못하고 있다.

최근 정부는 청년 취업난과 장년 근로자의 고용불안을 해소하기 위해 316개 전 공공기관에 임금피크제를 도입하기로 결정하고 17일 경제관계장관회의에서 임금피크제 관련 내용이 담긴 '제1차 노동시장 개혁 추진방안'을 발표했다. 임금피크제란 일정한 연령이 지나면 임금을 동결하거나 감축하는 제도로서 이를 통하여 정년 연장에 따른 기업의 부담을 덜 수 있어 절감된 비용으로 청년 실업을 해소할 수 있다는 것이 정부의 논리이다.

특히 민간부문의 확산을 위해서 조선, 금융, 제약, 자동차, 도소매 등 6개 업종과 상위 30대 기업을 중점 관리대상으로 선정하고 집중적으로 이를 지원할 계획이다. 또한 민간 기업이 노조의 동의 없이도 취업 규칙을 변경해 임금피크제를 도입할 수 있는 길도 열리게 되었는데, 새누리당과 고용노동부는 2일 국회에서 노동시장 구조 개혁에 관한 당정협의를 열고 정부가 이 같은 지침을 마련하는 방안을 추진하기로 했다. 물론 이에 대해 노동계는 장년층 정규직의 임금을 깎아서 기업에 이익을 줄 뿐이며 근본적인 대안이 될 수 없다는 성명을 발표하면서 노사정간의 갈등의 골은 더욱 깊어지고 있는 양상이다.

정부의 고민을 이해하지 못하는 것은 아니다. 그러나 법으로 정년을 늘려놓은 상태에서 임금체계 개편을 포함한 난제들을 노사정에 떠넘겨버린 정치권의 탓으로 돌리기에는 너무나도 시간이 남지 않았다. 당장 2016년부터 정년이 늘어나면 기업의 인건비 부담은 커지고 신규인력에 대한 수요는 줄어들 수밖에 없는 상황이다. 더구나 심각한 청년실업 문제를 떠안고 있는 우리 사회는 정년 연장에 발맞춰서 임금체계에 대한 개편 논의를 무작정 회피할 수만은 없을 것이다.

정년 60세가 실질적으로 조직에 안착하기 위해서는 무엇보다도 노사정이 대화와 협력을 통하여 함께 상생할 수 있는 방안을 모색하는 것이 필요하다. 기업과 공공기관은 추가로 발생할 수밖에 없는 비용적인 측면을 효과적으로 조정하되 종업원이 받아들일 수 있는 수준의 임금피크제, 직무급제 도입 등 임금제도에 대한 개편을 실시해야 할 것이며, 장년층 인력의 효과적인 활용방안을 모색하여 지속적인 경쟁력 유지를 위한 교육훈련 및 경력개발 계획도 모색해야 할 것이다.

노동시장 패러다임의 변화의 신호탄인 정년 60세 시대를 맞이하면서 기업은 임금피크제 도입과 같은 임금제도 개편에만 몰두할 것이 아니라 채용, 교육훈련, 경력개발, 평가, 보상, 퇴직관리, 노사관계 등 인사관리 전반에 대한 점검과 변화가 반드시 필요한 시기이다.

울산은 메르스(MERS) 청정지역인가

2015.06.07.

정부는 확산되는 '중동호흡기증후군(MERS)'의 경제적 악영향을 방지하기 위해 합동점검반을 만들었다. 또한 메르스 환자 치료 및 확산방지를 최우선 과제로 설정, 부처별 점검체계를 관계부처 합동상황점검반으로 격상하였는데, 이를 통해 메르스로 인한 소비는 물론이고 관광여행, 숙박, 공연, 유통 등 서비스업, 지역 경제, 외국인투자 등 경제적인 영향을 점검하는 모니터링 체계를 강화하기로 했다.

중동에서 넘어온, 우리 국민 어느 누구도 걱정하지 않았던 호흡기증후군에 의해서 온 나라가 국가적 비상사태에 빠지게 된 것이다. 울산지역은 아직 메르스 청정지역으로 알려져 있으나 시나 주요 병원들도 바짝 긴장하고 있는 상황이다.

시도 메르스 상황실을 운영하고 의심환자가 확인되면 즉각적으로 환자를 격리 할 수 있는 대응체계를 마련하는 등 분주한 모습이다. 울산시교육청은 우선 당장 메르스 '주의' 단계인 만큼 각 학교에 현장체험학습을 자제할 것을 요청하는 내용의 공문을 전체적으로 발송했고, 서울·경기지역으로 향하는 수학여행 등 단체활동 일정을 취소하는 학교가 잇따르고 있다. 실제 현재까지 울산시 17개의 초등학교가 수학여행을 취소하거나 연기하겠다고 발표했다.

최근 정부와 지자체의 엇박자 대책에 갈등 양상까지 빚어지면서 국민들과 시민들의 불안감은 가중되고 있으며 누구의 말을 믿어야 할지 모르는 상황이다. 미국의 경우에는 지난해에 보건당국과 질병통제예방센터(ODC)간에 에볼라 방역에 혼선을 빚자 오바마 대통령이 론 클레인 전 부대통령 비서실장을 에볼라 총책임자로 임명해 전권을 부여하고 대통령이 직접 주례연설을 통해서 국민들의 공포를 진정시키고자 노력하였다. 우리는 이와는 반대 양상이다. 보건당국의 방역시스템이 제대로 작동하지 않으면서 서울시는 자체 방역체계를 갖추겠다고 선언, 이에 대해 정부는 국민에게 불필요한 오해와 우려를 불러일으킨다는 반박 성명을 내놓고 있다. 지난 세월호 사건과 마찬가지로 재난에 대해 예방하고 초기에 수습하는 시스템이 허술하게 작동을 하였고, 정부와 지방자치단체간의 갈등은 더욱 사태의 해결을 어렵게 만들고 있다.

6월7일 정부는 최경환 국무총리 직무대행이 직접 나서서 정부, 지자체 및 군 등 민관합동 대응활동에 필요한 모든 노력과 지원을 다 하겠다고 발표하였다. 늦었지만 확진 병원 6개 및 확진자들이 경유한 18개의 병원이름에 대해서 공개했다. 울산 인근 지역인 경북 경주 소재 모 병원에 메르스 환자가 이송된 것이 알려지면서 주변 지역에 공장을 둔 기업들도 상황을 예의주시하고 있다. 울산지역 대기업의 대응책 마련도 분주해지고 있다. 특히 현대중공업은 각 공사 현장에 예방수칙과 대응 지침을 별도로 내려 보내고, 국내뿐 아니라 해외에도 감염에 대비한 예방관리사항을 조속히 공지하고 별도 예방교육을 실시하는 등 직원 위생관리에 신경을 쓰고 있다.

메르스는 국가 경제는 물론 정부의 주요 정책 추진에도 차질을 빚게 하고 있다. 한국을 방문하려 했던 외국인 관광객들의 예약취소가 줄을 잇고 있으며, 메르스 확산지역의 식당이나 공연장, 영화관을 찾는 발걸음도 줄어들었다. 정부가 고용률 향상을 위해서 준비 중이있던 청년실업 해소 방안에 대한 발표도 무기한 연기되었다.

메르스 확산을 막기 위해서는 24개 의료기관을 방문한 의심환자들에 대한 철저한 관리가 필요하다. 울산에도 확진 병원이나 경유 병원에 다녀온 시민들이 있을 수 있다. 이들이 자진 신고할 수 있도록 핫라인을 설치하고 언론을 통해 홍보를 하는 등 지자체의 적극적인 노력이 필요하다. 국회차원에서도 메르스 대책 위원회를 마련하고 격리병원을 설치하겠다고 합의하였다.

정부는 어느 정도 수준의 격리시설을 활용할 것인지 신속하게 결정하고, 빠른 시일 내에 해당 지역 주민들의 설치 동의를 얻어 사태해결에 주력해야 할 것이다. 정부는 강력한 콘트롤 타워의 역할과 의지를 발표하였으나 지자체의 적극적인 지원과 해당 병원을 방문한 시민들의 자발적인 협조 없이는 중동호흡기증후군에 대한 공포심은 커져만 갈 것이다.

고령화 사회를 앞둔 우리 사회의 대응방안은 어디에

2015.05.06.

1960년도에는 전체 인구의 2.9%에 불과했던 65세 이상의 노인 인구 비중이 1990년 5.1%, 2012년 11.8%에 이르고 있다. 이런 속도라면 우리나라는 2018년에 65세 이상 인구가 14%에 달하는 고령 사회로, 2026년에는 65세 인구가 20% 이상인 초고령 사회에 들어설 것으로 예상된다. 특히 전체 인구에서 65세 이상의 인구가 7%에서 14%로 증가하는데 소요되는 기간이 19년으로 프랑스가 115년, 미국이 71년, 일본이 24년 걸린 것과 비교하면 우리나라의 고령화 속도는 다른 선진국보다도 상당히 빠른 편이다.

2016년부터 우리나라에서 실시되는 60세 정년 의무화 조치는 단순한 정년 연장의 의미를 넘어서 국가 경제 및 기업 경영에 영향을 미치고 있다. EU는 2012년을 '활동적 고령의 해'로 선정하고 고령자 고용과 체계적인 능력 개발 정책 수립에 관심을 가진 바 있다. EU 회원국의 절반 이상인 27개국이 1990년대 독립을 이룬 신흥국이라는 점을 감안할 때 고령자의 능력 개발은 선진국은 물론 개발도상국이 함께 해결해야 할 과제라 할 수 있다.

일본에서는 준고령자·고령자 대책의 대상을 45세 시점부터 정년 은퇴 시점까지의 재직 종업원으로 간주하고 있으며, 독일에서도 신체적으로나 정신적으로 능력이 감퇴될 수 있는 통상 50세 이상의 인력으로 분류하고 있다. 프랑스나 스웨덴 등 유럽의 다른 국가들도 대개의 경우 이러한 준고령자·고령자의 범위를 50세 이상으로 정하고 해당 인력에 대한 역량강화 및 교육훈련에 관심을 가지고 있다.

우리나라 장년층 취업도 10년 사이에 33만7000명이 증가하면서 실제 2012년 서울지역 55세 이상 취업인구는 95만6000명으로 15~29세 청년층 취업자 수 90만3000명을 앞질렀다. 울산, 인천, 광주 및 경기도 지역도 비슷한 상황으로 전국적으로 2007년부터 장년층 취업자 수가 청년층의 취업자 수를 웃돌고 있다. 한국직업능력개발원 통계자료에서도 제조업의 50세 이상 장년층 고용 비중은 2007년 9.8%에서 2011년 13.3%로 상당한 수준으로 증가하고 있음을 확인할 수 있다.

특히 300인 미만 중소기업과 1000인 이상 대기업의 경우 장년층의 고용 비중이 확실히 증가하는 반면 청년층 고용 비중은 지속적으로 줄어들고 있는 것이 현실이다. 따라서 기업이 속해있는 산업 분야나 직종에 따라 숙련 기술의 세대간 이전의 단절과 이에 따라 장기적으로는 저숙련 함정에 빠질 우려도 제기되고 있다.

이러한 연령별 취업 구조의 변화는 고용 시장의 고령화 현상을 뚜렷하게 반영하고 있으며, 장년층이 일할 수 있는 기회가 상대적으로 많아졌다고 볼 수 있다. 이러한 주요 원인 중에 하나는 청년층 인구의 감소와 눈높이에 맞는 일자리를 찾기 위한 오랜 취업 준비 기간으로 노동시장에 진입하는 시기가 늦어진 것이라 할 수 있다.

이와 같이 조직 내의 장년층 인력들의 생산성을 유지하고 지속적으로 경영 성과를 향상시키기 위해 기업들은 직무 전환 및 조직에서 장년층 종업원들에게 적합한 직무를 선정하고 개발하는 노력이 필요하다. 또한 우리 사회가 초고령화 사회로 급속하게 진입하고 있는 시점에서 산업 및 기업별 재직 근로자의 고용 비중의 변화를 주의 깊게 살펴보고, 이러한 요인이 기업의 성장에 어떠한 영향을 미치는지 파악하는 것이 필요하다.

2030년에 다다르면 한국인의 평균 기대수명도 100세에 근접할 것으로 전망되고 있으며, 이러한 노년기의 장기화에 따른 개인소득 문제를 해결하기 위해서는 연금을 포함하여 개인의 소득 보장 체제를 강화하는 방안과 함께 고령자의 경제활동을 촉진할 수 있도록 사회적 지원 시스템을 갖추는 것이 반드시 필요하다.

고용률 70% 달성을 위한 해법은 어디에

2015.04.06.

정부가 '고용률 70% 로드맵'을 공표하고 반듯한 일자리 창출을 약속한지 2년이 다 되어 가고 있다. 양질의 일자리를 만들어 여성 및 중장년층의 경제활동참가율을 향상시키고 전체 고용률도 높이겠다는 구체적인 실행계획도 제시된 바 있다. 이러한 밑그림은 양질의 일자리 나누기를 통해 고용률 70%를 달성하고, 이를 통해서 저성장 기조에 빠진 잠재성장률을 끌어올리겠다는 정부의 계획에서 시작되었다.

그러나 15~29세 청년층의 고용률은 2000년대 중반 이후 오히려 감소세를 보이고 있으며 최근에도 답보상태에 머무르면서 이러한 정부의 정책이 표면적으로 고용률 지표는 개선할 수 있겠으나 청년층이 도전할 양질의 일자리는 잠식될 우려가 있다는 목소리도 커지고 있다. 실제 정부에서 발표한 지난 10년간 남성 청년층의 고용률은 2003년 44.8%에서 2013년 38.4%로 6.4%p나 하락하였으며, 여성도 43.3%에서 41.7%로 1.6%p 하락하였다.

고용률이란 15세 이상의 생산가능인구 중에서 취업자의 비율로 얼마나 많은 사람이 실제로 취업하고 있는지를 가장 간명하게 드러내는 지표이다. 이전에는 경제활동참가율을 주로 활용하였으나 최근에는 실업률이 상승하고, 실업자와 비경제활동 인구의 경계를 뚜렷하게 구분하는 것에 대한 논란이 잦아지면서 고용률을 노동시장의 현황을 파악하고 국가 간 경제활동 수준을 비교하는 핵심지표로 활용하고 있다. 일반적으로 고용률이 하락했다는 것은 경기가 위축돼 고용이 활발히 이뤄지지 않고 있다는 것을 뜻한다.

2014년 3분기에 OECD에 고용률 지표를 제출한 34개 국가들을 비교하면 한국은 20위로 중간 수준에도 못 미치고 있다. 조사결과를 자세히 살펴보면 아일랜드, 스위스, 스웨덴, 노르웨이 등이 75%를 넘어서면서 상대적으로 높은 고용률을 보이고 있으며, 뒤를 이어서 뉴질랜드, 독일, 네덜란드 등 14개국이 70% 이상의 고용률을 달성하고 있다. 특히 1인당 국내총생산(GDP)이 3만달러 이상인 국가의 평균 고용률은 72%에 달하는 것으로 나타나는데, 높은 고용률을 달성하기 위해서는 성장을 통해 일자리를 창출하고 이를 통해 소득과 소비가 증대되고 내수 활성화를 통해 성장률 제고로 연결되는 선순환 구조를 구축하는 것이 핵심이다. 현재 우리나라의 고용률은 1997년 60.9%로 상승하고 외환위기로 인한 경기악화로 1998년에는 56.4%까지 감소하였다가 2000년 이후로부터 완만하게 상승하여 최근 OECD에서 발표한 2014년 3분기 기준으로 65.4%를 기록하고 있다.

한국과 독일의 경우를 비교하였을 때 한국의 실업률은 3.2%, 독일은 4.7%이다. 그러나 독일의 고용률은 경기둔화와 인구구조 변화에도 불구하고 지속적인 신규일자리 창출로 2004년 64.3%에서 2014년 74%로 상승하였다. 독일의 슈뢰더 총리는 독일경제가 더 이상 추락하는 것을 막기 위해 2003년 '어젠다 2010'을 발표하였는데, 이는 노동시장, 사회복지제도, 경제 활성화, 재정 및 교육훈련에 관한 개혁을 골자로 하고 있다. 한국의 경우 고용률이 65%대로 독일의 74%대에 비하면 낮은 수준인데 이는 산술적인 측면에서뿐만 아니라 고용의 질도 OECD 수준으로 개선되어야 한다는 점을 의미한다.

독일 뮌헨과 한국 울산은 모두 자동차산업의 본거지로 뮌헨에는 BMW와 아우디 공장이, 울산에는 현대자동차 공장이 자리잡고 있다. 그러나 뮌헨과 울산의 분위기는 사뭇 다르다. 뮌헨의 거리는 젊은이들로 가득하다. 심지어 주변국에서 많은 젊은이들이 취업을 위해, 독일어를 배우기 위해 몰려들고 있다. BMW의 2014년 기준 정규직원은 11만6324명으로 전년도보다 6000명 가까이 늘었으며 이 중 3000여명은 뮌헨공장에서 채용했다. 올해도 이 지역에만 4000여명을 추가 고용할 예정이다. 그러나 현대자동차는 496만대의 자동차를 판매하면서 사상 최대의 실적을 기록했음에도 불구하고 국내에서 534명을 채용하는데 그쳤으며 이도 울산지역에만 한정되지 않았다.

고용률 70% 달성은 정부의 의지만으로 달성되는 것이 아니다. 실제 국민들이 안정감을 느끼고 만족할 수 있는 양질의 일자리를 경쟁력 있는 기업들과 함께 만들어 갈 때 가능한 것이다. 잠재적 노동력에 대한 직업훈련의 강화 및 다양한 고용 서비스의 제공도 중요하지만 이에 앞서 해외로 이탈하고 있는 국내기업의 투자와 양질의 일자리를 어떻게 지역사회에서 지속적으로 유치할 것인가에 대한 진지한 고민과 함께 기업의 지역사회에 대한 책임감 있는 행동이 필요한 시점이다.

지역산업 맞춤형 인력양성과 울산의 과제

2015.03.05.

최근 정부에서는 국정과제의 일환으로 능력중심의 사회를 구현하고 지역 기업 및 산업의 인력수요를 기반으로 맞춤형 교육훈련을 제공하고자 하는 취지로 다양한 사업을 확산하고 있다. 특히 지역산업 맞춤형 인력양성 사업은 지역단위 기업의 인력수요 반영을 위해 지역 산업계가 주도하고 관련기관이 협력하는 새로운 인력양성체계 구축을 위해 단계적인 노력을 수행하고 있는데 이를 도입기, 확산발전기, 정착기로 구분한다면 현재는 아직 도입단계라 볼 수 있다. 지역, 산업계 중심의 고용 및 인적자원개발에 전문성을 갖춘 거버넌스를 구축하기 위해서 지역 인적자원개발 위원회를 설립하고, 이를 통해 지역단위 인력양성 기능 수행을 위해서 중앙·지역단위 협력 및 지원체계를 구축 활동이 중심을 이루고 있다.

단계적으로 확산발전기에는 내일배움카드 등 실업자훈련을 통합하여 연계하는 방안을 고려하는 등 타 직업능력개발사업을 지역단위로 효율적으로 관리할 수 있는 체계로 개편하고 교육훈련 모니터링 및 HRD컨설팅기능을 강화하여 지역내 직업훈련시장의 경쟁력 강화를 지원할 예정이다. 마지막으로 정착기에는 지역인적자원개발 위원회가 지역단위의 전체 인력 수급을 조절하고 다양한 인력 양성사업과 연계하고 조정 역할을 확립하는 것이 지역산업 맞춤형 인력양성의 핵심이다.

울산도 타 시도보다 다소 늦은 2014년 12월15일 울산지역인적자원개발위원회 창립총회를 개최하고 사무국을 설치하는 등 사업추진 체계 구축하고, 지역 노사민정 주요 인사를 중심으로 총 23명의 위원들을 선임하고 본격적인 활동에 들어갔다. 산업계 중심의 지역인적자원개발위원회를 설치하고, 위원회 주도로 공동교육훈련기관을 선정하고 인력수요조사를 토대로 공동훈련센터와 파트너기관에서 3월부터 훈련을 본격적으로 실시할 계획이다.

특히 울산지역 5인 이상 300인 미만의 800개 중소기업의 인사부서장 및 현업부서장을 대상으로 실시한 심층 수요조사는 우리지역 산업에 필요한 현장중심의 인력양성을 위해 늦었지만 꼭 필요했던 분석으로 판단된다. 지역 전략산업분야를 중심으로 실시한 수요조사 결과를 세부적으로 살펴보면 향후 1년간 조사중소기업이 생각하고 있는 채용계획 인원은 8153명으로 보고되었다. 기업규모별로는 100~299인 기업의 2432명(29.8%), 50~99인 기업이 2074명(25.4%)로 나타났으며, 직종별로는 재료 및 기계관련 직종이 3559명(43.7%)를 차지하고 있다. 이는 울산지역의 산업적인 특성과 현재의 경기를 반영한 것으로 재료, 기계, 화학 및 경영일반 관련된 부분에 대한 수요가 상대적으로 다른 부문에 대비하여 높은 것으로 나타났다.

또한 울산지역 현업부서에서 재직중인 근로자 8384명을 대상으로 실시한 훈련수요에 대해서 조사결과에서는 여전히 기초기술 지식 및 최신 전문기술 지식의 향상 관련 교육훈련에 대한 요구가 높았으며, 계획적 수행관리 능력이나 상하 동료직원과의 업무협조나 관리능력을 개발할 수 있는 기회를 갖고 싶어하는 것으로 나타났다. 이는 중소기업의 특성으로 여전히 기술력 향상과 관련된 직무훈련에 대한 수요가 높으며, 상대적으로 큰 조직에서는 체계적인 제공되고 있는 기획이나 수행관리, 리더십, 및 커뮤니케이션 교육 등이 중소기업에서는 상대적으로 받기 어려운 교육훈련이었던 것이다.

올해 이러한 수요조사를 토대로 수행되는 훈련과정의 수는 20개로 여전히 지역사회에 필요한 인력을 수급하기에는 부족한 감이 있다. 다만 내일배움카드제훈련, 국가기간전략산업훈련, 사업주훈련, 재직자훈련 및 컨소시업사업 등 기존의 지원사업의 현황을 분석하고 이를 지역인적자원개발위원회를 통한 협의를 통해 효율적으로 수요를 조정한다면 청년취업은 물론 중장년 및 경력단절 여성 등 취약계층의 훈련참여도 유도하고 중소기업의 인력난 해소 및 고용률 제고도 기대할 수 있다.

울산, 산업문화복합도시로의 성장을 기대한다

2015.02.01.

최근 현대자동차는 서울 삼성동 한국전력 부지를 인수하고 글로벌 5대 자동차기업 위상에 맞는 신사옥을 건립 계획을 발표했다. 이러한 글로벌비즈니스센터는 현대자동차그룹 30여 계열사를 수용할 수 있는 신사옥과 호텔을 포함한 전시·컨벤션센터, 자동차전시관 등 한국판 자동차 테마파크까지 들어설 예정이다. 예상보다 높은 입찰 가격에 우려의 목소리도 많이 들리지만 2021년까지 우리나라의 자동차 랜드마크가 될 글로벌비즈니스센터 공사를 마치고 자동차와 관련된 모든 문화를 담을 수 있는 공간을 설계한다는 방침이다. 특히 서울시는 2020년 기준 연간 10만명의 방문과 1조3000억원의 경제적 효과를 기대하면서 한전 부지를 포함한 서울지역 동남권 국제교류복합지구를 조성할 계획이다.

이러한 현대자동차 신사옥과 관련된 언론의 발표를 들으면서 필자는 우리나라에도 이제야 글로벌 5대 자동차기업의 위상에 맞는 시설이 생기는구나 하는 안도감이 들면서도 울산시민으로서 다소 서운한 감정을 감출 수 없다.

국내의 자동차관련 박물관으로는 삼성교통박물관이나 제주도 자동차박물관 단 두 곳만이 운영되고 있으며 그 규모도 BMW나 Mercedes-Benz, GM, Ford, 폭스바겐, 도요타 등 해외의 자동차회사와는 비교할 수가 없는 것이 현실이다. 특히 국내 자동차 메이커가 직접 운영하는 자동차박물관은 한 곳도 없다. 더구나 산업수도인 울산에 지역산업의 역사적 사실 보여줄 전문 박물관 하나 없는 것은 누가 바라보아도 모순이다. 울산은 현대자동차, 현대중공업, SK에너지 등 단일 공장으로는 세계 최대 규모의 생산 공장을 비롯해 1200여개의 광업·제조업체가 입지해 있는 국내 최대의 산업도시이다.

현재 울산시는 국립산업박물관 건립을 통해 산업관광도시로서의 브랜드 위상을 강화하려고 하지만 이러한 숙원사업은 지자체와 시민들의 노력만으로 이루어질 수 있는 것은 아니다. 지속적인 양적 성장뿐만 아니라 시민들의 삶의 질을 높이고 새로운 변화를 위한 신성장 원동력을 갖기 위해서는 울산에 생산기지를 두고 있는 기업들의 노력도 함께 필요하다. 생산은 지방에서 문화는 서울에서라는 논리는 더 이상 정당화될 수 없다.

예를 들어 독일 볼프스부르크시에 위치한 폭스바겐의 '아우토슈타트'에는 폴크스바겐 본사는 물론 박물관, 공원, 전시관, 체험관, 호텔 등이 있으며 매년 20만명의 외국인을 포함해 250만명의 관광객이 자동차산업의 변천사를 볼 수 있다.

또한 일본 도요타시에는 세계적으로 성장한 도요타의 역사를 한눈에 살펴볼 수 있는 '도요타 테크노뮤지엄(산업기술박물관)'이 자리잡고 있다. 도요타그룹의 태생에서부터 글로벌 자동차기업으로 성장하기까지의 과정을 일반인들에게 생생하게 보여주고 있다. 특히 도요타시에서 가장 먼저 손님을 맞는 건 차가 아니라 숲으로, 1997년 도요타가 시의 사유림 40ha를 사들여 실질적으로 환경 정화에 기여하는 것은 물론 생태환경 교육의 장으로 활용되면서 이 지역의 명물로 자리 잡았다. 전 세계 하이브리드 시장의 90%를 장악한 도요타의 원동력이 이러한 산업과 문화, 생태를 고려한 도시의 구상에서 시작했다.

이제 울산도 산업도시에서 본격적으로 산업과 문화, 그리고 사람이 함께 공존할 수 있는 창조형 문화도시로 나아가야 한다. 지자체와 시민들의 노력으로 어렵게 추진한 국립산업기술박물관의 유치에만 만족하는 것이 아니라 '동남권 산업문화복합지구'로서의 큰 목표를 가지고 울산과 함께 성장한 대기업의 투자를 유치하고 울산을 배우기 위해 오는 외국인들과 내국인들이 만족하고 돌아가 다시 찾고 싶은 도시로 거듭나기 위해서는 도시의 문화인프라 구축은 물론 우리 지자체와 시민들의 손님 맞을 준비도 필요하다.

산업수도에서 '창조형 문화도시'로의 변화를 기대하며

2014.12.31.

희망찬 을미년 새해가 밝았다. 이맘 때면 모든 이들이 저마다의 새해 소망을 하나씩 내놓는 시기인 듯 싶다. 정부는 세계경제의 회복으로 수출이 증가하고 유가 하락, 재정 지출 확대 및 투자 촉진의 정책 효과로 내수가 개선되면서 3.8%의 경제성장을 이룰 것으로 기대했다. 특히 올해를 '3년 혁신, 30년 성장'이 가시화되는 한 해로 만들겠다는 대통령의 신년 구상을 밝힌 바 있다.

그럼 우리 울산 시민들은 어떠한 소망과 기대를 가지고 있을까? 아마도 모든 이들이 가장 관심을 가지고 있고 기대하는 부분은 지역경제의 회복과 성장이 아닐까 생각된다. 울산은 50년 동안 우리나라의 산업수도로서 역할을 굳건히 수행해 왔으나, 최근 조선, 화학 등 주력산업의 부진으로 경기회복에 대한 우려감이 높아지고 있다. 이는 우리 도시의 특성상 수출산업을 주력으로 하는 대기업 비중이 다른 지역보다도 높고, 이에 따른 협력사들의 대기업 의존도 또한 높아져서 대기업의 수출실적에 따라 도시 전체의 활력과 내수에도 많은 영향을 주기 때문일 것이다.

외형적으로는 정부와 주요 경제연구소들은 올해도 무역 1조 달러를 자신하며 무역동향을 낙관하고 있다. 2014년 총 수출 증가율이나 국내총생산(GDP) 성장률이 3%대에 이르렀다면 국제유가의 하락이 세계 경제에도 긍정적인 영향을 주면서 우리나라 수출산업에도 도움을 줄 것으로 기대한다. 특히 유로존, 일본 및 중국 경제의 부진과 둔화에도 불구하고 미국 성장세가 두드러지면서 완만하게 개선되어 수출 증가율이 4.5%대에 이를 것으로 전망한다. 그러나 좀더 자세하게 살펴보면 이러한 정부와 연구기관들의 긍정적인 분석에도 불구하고 불황형 흑자에 대한 우려는 말끔히 개선되지 못하고 있다.

올해도 평균 4%대의 수출 증가율과 400억 달러의 무역 흑자 달성이 전망되고 있지만 실제 업종별로 수출 전망은 달리하고 있다. 다행인 것은 울산의 주력 산업인 조선은 연기되었던 해양플랜트의 추가 주문과 2013년 선가 상승이 반영된 수주 물량의 실적화 및 가스 관련 선박의 발주 등으로 수출 증가가 예상되며, 자동차 또한 소폭의 상승세를 이어갈 것이라는 전망이다. 다만 그 동안 국내 기업들이 중국업체들의 생산규모 확대에 대응하기 위해 대규모 투자를 단행했던 석유화학의 경우에는 공급 과잉과 유가 하락 및 주요 지역에 대한 수요 하락으로 고전을 면치 못할 전망이다.

얼마 전 김기현 울산시장은 신년사를 통해 '품격있고 따뜻한 창조도시'로 나아가겠다는 희망찬 포부를 밝힌 바 있다. 이러한 소망을 현실화하기 위해서 우리에게 주어진 난제는 너무나도 많다. 이중에서도 일자리 창출과 양극화 해소가 가장 중요한 과제가 아닐까 생각된다. 최근 우리지역 베이비붐 세대의 은퇴로 일부 대기업의 신입사원 채용에 대한 기대감이 있는 것은 사실이다. 그러나 이러한 보기 좋은 일자리는 제한되어 있다. 도시의 활력을 불어넣고 지속적인 울산의 발전을 도모하기 위해서는 정주여건의 개선이나 창조형 중소기업을 육성하여 경쟁력을 제고하는 방안에 대한 충분한 고민이 필요하다. 정부에서 제공하는 일학습병행제나 청년인턴제의 활성화와 실질적인 지원을 통해서 참여기업의 질적 제고는 물론이고 교육훈련의 내실화를 통해서 성과와 연동되어야 한다.

최근 정부의 공공기관 이전사업으로 한국산업인력공단, 근로복지공단, 산업안전보건공단 등 주요 공공기관이 혁신도시에 자리잡았다. 울산 혁신도시로 이전하는 공공기관들은 지역 인재 채용에 대해서도 적극적인데 우리 지역에서는 준비된 인력들을 공급하지 못하고 있다는 인상마저 든다. 우리지역 청년들에게 학점, 외국어 성적, 경진대회 수상 등의 스펙을 요구하는 것이 아니다. 젊은이들은 새로운 일에 도전하고 어떤 일이든지 최선을 다하면서 그 일로부터 보람을 찾는 자기주도형 리더십이 필요한 시점이다.

단순한 경기활성화가 아닌 주력 산업이 재도약할 수 있고, 창조형 도시로 가기 위한 미래 산업이 발전할 수 있는 사회간접자본과 연구개발 투자에 대한 정책도 보완되어야 할 것이다. 또한 규제 완화 및 중소기업 금융지원을 통해서 투자 환경을 개선하는 노력이 필요하다.

더욱이 지역 산업 발전의 최대 요소는 인적자원이다. 2014년 11월 제주도와 함께 전국시도 중에서 마지막으로 울산지역도 인적자원개발위원회가 발족되었고, 23개 기관의 노사민정 대표들이 자리를 함께했다. 지역산업맞춤형 수요조사와 인력양성 프로그램 개발을 통해 분야별 우수인력을 육성하는 체계적인 시스템 도입을 기대한다.

더 나아가 청년실업자, 여성인력 및 중장년층에도 취업과 창업의 기회를 주어 사회 양극화를 해소할 수 있는 지역단위의 종합적인 대책마련도 필요하다. 상대적으로 울산지역이 취약한 서비스산업과 지식산업 및 문화산업에 대한 관심을 가지고 미래의 먹거리 개발을 통해 제조업 중심의 산업도시를 뛰어 넘어 산업발전의 기본구도를 다각화할 필요성이 있다. 울산이 대한민국을 대표하는 '창조형 문화도시'로 거듭나기를 기대한다.

장그래'가 우리사회에 다시 던져준 숙제, 비정규직

2014.12.25.

"죽도록 일하면 저도 정규직이 될 수 있는 건가요?" '장그래'가 우리 사회에 던진 질문에 대한 여파는 쉽게 가시지 않고 있다. 장그래는 최근 종영된 웹툰 원작 케이블TV 드라마 '미생'의 주인공 이름이다. 대기업에서 비정규직으로 일하며 정규직을 꿈꾸는 청년으로 그려져 비슷한 처지에 있는 이들은 물론 다수의 직장인들로부터 격한 공감을 받았다. 필자도 오랜 직장생활을 경험한 입장에서 감정이입을 한 부분이 적지 않았다.

드라마 '미생'을 통해서 우리 사회의 큰 숙제인 비정규직 근로자 문제는 다시 도마 위에 올랐다. 실제 비정규직의 개념에 대해 국제적으로 통일된 기준은 없으나, OECD는 임시직 근로자(temporary worker)를 비정규직으로 인식하고, 유기계약 근로자(worker with fixed-term contract), 파견 근로자(temporary agency worker), 계절 근로자(seasonal worker), 및 호출 근로자(on-call worker) 등을 포함하고 있다.

우리 정부는 고용형태에 따라 한시적 근로자, 시간제 근로자 및 비전형 근로자로 분류하고 있는데, 한시적 근로자는 고용의 지속성을 고려한 개념으로 근로계약기간을 정한 자 또는 정하지 않았으나 비자발적 사유로 계속 근무를 기대할 수 없는 근로자를 의미한다. 시간제 근로자는 근로시간이 통상의 근로자에 비해 짧은 파트타임 근로자를 말한다. 마지막으로 비전형 근로지는 근로제공 방식을 고려하여 파견 근로자, 용역 근로자, 특수형태 근로종사자, 가정내 근로자 및 일일 근로자를 포함한다

경제활동인구조사 근로형태별 조사결과를 보더라도 2012년 8월 기준 우리나라의 비정규직 근로자는 591만1000명으로 전체 임금근로자의 33.3%를 차지하고 있다. 외환위기 이후 급속히 늘어난 기간제 근로자 및 단시간 근로자 등의 비정규직 근로자의 근로조건 개선과 이들의 권익을 보호하기 위해 정부는 2007년부터 비정규직보호법을 시행했다. 비정규직 근로자 사용기간을 2년으로 제한하고 동일처우 기본원칙에 따라 정규직과의 차별을 금지하는 것이 주요내용이다. 그러나 이러한 제도개선 노력에도 불구하고 우리 사회는 비정규직에 대한 고용안정은 물론 이들에 대한 지속적인 교육 여건은 더욱 약화되고 있다.

특히 비정규 근로자 중에서 교육훈련 경험이 있는 근로자는 28.8%로 이 중에서 시간제 근로자의 교육훈련 경험은 더욱 낮아 18%에 지나지 않는다. 비정규직 근로자의 교육훈련 참여율은 2007년 18.6%에서 2012년 28.8%로 5년 동안 10.2% 증가했으나, 아직도 정규직에 비해 상당히 낮은 편이다. 또한 교육훈련 참여 결정요인을 살펴보면 여성, 저학력층, 아르바이트생 등의 참여 확률이 낮고, 사회서비스 업종, 단순 노무직, 사업체 규모가 작을수록 참여 확률이 낮은 것으로 나타났다. 우리나라에서 비정규직을 대상으로 한 교육훈련이 활성화되기에는 비정규직 근로자의 직무상 교육훈련의 필요성, 기업

의 비용부담의 증가, 교육훈련시간 확보 및 효과성에 대한 인식 등의 복잡한 문제를 안고 있다.

최근 '장그래법'이라 불리는 정부의 비정규직 종합대책에 대해서 일부 언론에서 보도된 바가 있다. 주요 골자는 계약기간을 4년으로 늘리고 3개월만 근무해도 퇴직금을 받을 수 있도록 한다는 것이다. 2년마다 새로운 사람을 찾아내야 하는 사용자와 새 직장을 구하는 구직자의 수고는 잠시나마 덜어줄 수는 있겠으나, 계약기간이 2년이든지 4년이든지 간에 언제든지 종료될 수 있는 노동계약이 정해져 있다는 것만으로도 일터에서의 근로자의 삶은 위협을 받을 것이고, 숙련된 노동자와 함께 일해야 될 기업의 지속적인 성장 동력에도 영향을 미칠 수밖에 없을 것이다.

비정규직 청년들이 희망고문에 시달리다 버려지지 않기 위해서는 우리 사회는 인적자원개발 측면에서의 인식전환도 필요하다. 비정규직 근로자에 대한 교육훈련은 해당 근로자의 직무능력 향상은 물론이고 경력개발을 통해 기업의 생산성을 향상시키고 국가 차원의 인재 경쟁력도 제고하게 된다. 연구결과에 따르면 교육훈련을 통해서 비정규직이 정규직으로 전환되었거나 임금이 상승되었다는 보고되고 있다. 국가나 기업은 상대적으로 교육훈련 기회로부터 소외되거나 수혜 비중이 높지 않은 비정규직 근로자들의 교육훈련을 강화하고, 비정규직 근로자가 교육훈련 기회 면에서 상대적 불이익을 받지 않도록 하며 관련 법규를 보완하는 정치권의 노력도 필요하다.

중장년층 적합직무 개발, 더 이상 선택이 아니다

2014.11.25.

우리나라 생산가능인구는 2016년 약 3700만명을 정점으로 감소될 전망이며, 2030년을 기점으로 전체인구도 5200만명에서 감소할 것으로 예상된다. 특히 15세부터 64세의 생산가능인구는 2010년에는 72.8%에서 2016년 약 73%로 정점을 찍은 후에 2030년 63.1%, 그리고 2060년에는 49.7%로 감소할 전망이다.

따라서 2017년부터 생산인구가 감소하기 시작하고 재직근로자의 고령화 및 고숙련 근로자 수급의 문제가 급속하게 제기될 것으로 예상되며, 지속적인 경제성장을 위해서는 고령인력에 대한 효과적인 활용을 통한 인력수급 문제를 완화하는 것이 필요하다.

최근 대기업들을 대상으로 실시한 소속된 기업의 중장년층 적합직무 보유여부에 대한 설문결과에서도 '장년층 적합 직무가 많다'고 응답한 종업원이 43%에 달하였는데, 직군별로는 연구개발 부분이 56%로 상대적으로 중장년 적합 직무가 많다고 답변하고 있었으며, 영업 및 마케팅 부분은 38%로 상대적으로 낮은 응답률을 보이고 있었다. 이는 연구개발이라는 직무의 특성상 장기간 전문분야에서 경험과 지식을 축적하여 청년층과 비교해도 뒤지지 않는다는 자신감을 갖고 있는 것으로 인식된다.

이웃나라 일본에서는 정부 주도하에 고령자의 능력에 적합하다고 인정되는 직종을 선정하여 이에 준고령층이 우선적으로 취업할 수 있는 지원시스템을 갖추고 있으며, 정부, 지방자치단체 및 공공기관에서는 이러한 직종에 대해서는 의무고용을 규정화하고 있다. 또한 일본의 주요기업들은 중장년층 인력들에게 40세부터 유형별 다양한 성장경로와 진로선택 코스를 제시하고 있는데, 이러한 진로선택 코스는 직무에 따라 서로 상이하며, 중장년층 근로자들에게 현 직무를 계속 유지하거나, 직무전환, 유연근무, 전문계약, 출향 및 전직 등 다양한 선택권을 부여하고 있다.

최근 이러한 장년층을 위한 직무 개발을 실시하고 있는 국내 모 은행의 경우에는 내부통제, 연체관리, 심사 소송대리, 문서 관리, 법원 출장 등 20여개의 직무를 신규로 개발하여 임금피크제 대상 직원에게 부여하고 있다.

그러나 이러한 직무는 항상 일정하게 유지되는 것이 아니라 경영환경의 변화에 따라 새로운 직무가 개발되기도 하고, 기존의 업무가 재설계되기도 한다. 예를 들어 연체자가 늘어났다고 가정하면 중장년층 근로자를 위한 연체담당자 업무가 개설되고, 지점에 대한 감사기능을 강화하게 되면 감사기능직이 만들어 지는 것이다.

임금피크제를 검토한 기업이나 공공기관이 공통으로 느끼는 있는 점이 있다면 제도의 성공을 위해서는 중장년층을 대상으로 적합직무가 개발되어야 한다는 것이다. 최근 우리나라 금융권에서도 임금피크제를 도입하는 기업이 늘어나면서 실제 적합한 직무를 부여받지 못해 어려움을 겪고 있는 중장년층 근로자의 사례가 다수 발생하고 있다. 실제 금융권에서 50대 전후의 직원들은 지점장이나 관리직을 거쳐 관리능력은 타직종에 비해서 뛰어나지만 전문분야에 대한 직무능력은 떨어지는 경우가 많다.

끝으로 기업은 단기적인 직무 개발에 치우치지 않고 보다 장기적인 안목으로 전 생애 관점의 접근법이 필요하다고 강조하고 싶다. 중장년층 인력을 포함한 모든 연령대의 근로자가 건강하게 일 할 수 있는 환경을 조성하는 것이 필요하다. 특히 기업은 정년 60세 시대를 맞이해 중장년 근로자 활용이 불가피하다는 인식하에 임금체계를 개편하고, 인사관리 혁신, 직무개발 및 교육훈련 투자 강화 등의 조치를 취하여야 할 것이다.

한국경제의 미래, 중소기업 일자리 미스매칭의 해법은

2014.10.27.

우리나라 중소기업의 수는 전체 기업 가운데 99%를 차지하고 있으며, 여기에 종사하고 있는 인력은 전체 기업 종업원의 88%에 달한다. 실제 대한민국 중소기업의 위상은 아시아에서 가장 높은 수준이며, 인접국가 일본이나 대만보다 높은 수준이다.

그러나 대부분의 사람들은 한국경제나 기업을 이야기 할 때 삼성전자, 현대차, LG, 포스코 등과 같은 대기업을 떠올리지만 사실 우리나라의 근간을 이루고 있는 것은 중소기업이고 이들의 생산성이 약화되면 우리나라의 국제 경쟁력에도 큰 타격을 입을 수밖에 없다.

예를 들어 한국자동차산업의 경우에도 실제 수 만개의 부품을 조달하기 위해서 협력사라고 불리는 3800여개의 중소기업의 뒷받침이 없었다면 지금과 같은 성공은 기대할 수 없었을 것이다.

특히 협력업체에서 근무하는 근로자 수는 30만명에 이르며, 인접산업을 포함하면 수 백만 명의 고용효과를 가진다. 중소기업에서 실제 고용하고 있는 종업원의 숫자는 대기업에 비해서 7배 이상에 달하며, 소위 뿌리산업 중에서도 3D업종이라고 불리는 어렵고(difficult), 위험하고(dangerous), 지저분한(dirty) 일들은 대부분 중소기업의 몫이다.

최근 중소기업의 생산성에 대한 우려는 우리사회 전반에서 제기되고 있는데 이러한 위기는 고용창출이나 일자리 문제와 직결되어 있다. 대기업과 비교하여 임금이 상당히 낮고 근무환경이 좋지 않기 때문에 우수한 인재를 영입하기 어렵고 낮은 생산성으로 기업을 효율적으로 경영하기란 쉽지 않다.

또한 일자리 창출은 국가적, 사회적 과제로 부상하고 있으며, 특히 정년 60세 법안의 통과와 함께 청년실업의 문제는 중장년층의 일자리 창출과 함께 청년층의 신규인력 채용이라는 동전의 양면과 같은 풀기 어려운 숙제로 주어졌다.

대기업에 취업하기 위해서 휴학과 졸업유보까지 불사하면서 외국어와 자격증 등 스펙쌓기에 집중하며 산업현장에 적시에 투입되지 못하고 있는 젊은이들, 항상 인력난에 허덕이고 있다고 하소연을 하고 있는 중소기업 경영자들과 인사담당자들, 한쪽에서는 일자리 문제로 고민을 하고 있으며 또 다른 쪽에서는 새로운 인력을 찾고 있는 것이다. 청년실업자들과 중소기업이 만난다면 이러한 문제는 쉽게 해결되는 것이 아니냐는 정치인이나 정부 및 대학취업 관계자들을 만날 때 마다 답답함을 느낀 것이 한두 번이 아니다.

우리나라는 중소기업청이 1996년 신설되면서 우리나라 중소기업에 대한 정책을 보다 체계적으로 수립하고 펼치기 시작했다. 그러나 정권이 바뀔 때마다 중소기업에 대한 정책과 지원도 차이가 있었다. 중요한 것은 이러한 중소기업 정책의 변화가 아니다. 실제 사회적, 국가적으로 그리고 국민들이 체감하고 있는 중소기업과 대기업 간의 인식에 대한 차이와 임금이나 보상시스템 등을 보완하지 않는다면 이러한 양극화 현상은 점점 커질 수밖에 없는 것이다.

최근 대기업의 노조파업으로 협력업체들이 심각한 수준의 임금 감소와 생산 물량 감소에 따른 불안감과 함께, 협상타결 후에는 다시 일거리는 많아져서 좋으나 성과급을 생각할 때 중소기업에서 일하고 있는 것에 대해서 상대적인 박탈감을 느낀다는 근로자들을 자주 만날 수 있다.

지금의 대표적인 글로벌 기업들도 이러한 중소기업에서 시작되었다. GE나 애플도 작은 실험실에서 출발하였으며, 삼성이나 현대차 등 대기업도 '삼성상회'나 '아도서비스' 등 작은 중소기업에서 시작하였다. 일자리 미스매칭 문제를 해결하기 위해서는 사회적 인식변화와 함께 중소기업에서 능력있는 젊은이들이 일할 수 있는 여건을 만들어주는 정부의 정책과 대기업의 상생을 위한 연구개발 및 교육훈련 등 다양한 지원이 필요하다. 경쟁력을 갖춘 중소기업의 발굴과 육성은 한국경제의 미래다.

글로벌 경쟁력의 원천, 다양성의 인정에서

2014.09.24.

세계적인 경기침체의 상황에서도 지난 수년간 삼성전자, 현대자동차 등 한국의 대표 기업들은 매출 규모나 브랜드 인지도 면에 있어서 글로벌 시장에서 단연 독보적인 두각을 드러내고 있다. 애플을 제치고 휴대폰의 세계 시장점유율 1위 달성, 한국자동차의 미국시장에서의 선전 등 국내 기업들의 승전보도 신문기사를 통해 때때로 전해진다. 경영환경의 변화와 조직의 글로벌화가 가속화됨에 따라 수많은 기업들은 저마다의 경쟁우위를 확보하고 지속적인 성장동력을 유지하기 위해 차별화된 전략을 수립하고 종업원을 장기적인 관점에서 육성하고자 다양한 인적자원개발 기법을 도입하기도 한다.

그러나 이러한 유무형으로 제공되는 다양한 교육훈련이나 개발 프로그램이 과연 기업이 글로벌 조직으로 거듭나기 위해서 필요한 핵심역량을 담고 있느냐에 대한 질문에 명쾌히 답변을 주는 최고경영자나 인사담당자를 만나보기는 힘들다. 최근 기업규모를 떠나 국내기업들은 미래 큰 성장이 기대되는 신흥 국가들인 브라질, 러시아, 인도, 중국 등 BRICs 국가들을 넘어, 전세계 각국으로 자사의 제품을 판매하고 홍보할 수 있는 어느 곳이라도 발로 뛰며 찾아가고 있다. 최근 흥미로운 모 광고에서는 기존에 연예인들을 내세우던 전략에서 벗어나 몽골과 그린란드, 두 상반된 극지에서 그들이 겪어보지 못한 스테이크와 연어의 '맛'을 전하여 식문화로 하나가 되는 세상을 만들겠다고 선전하고 있다. 소비자가 반드시 필요로 하지 않는 상품이라도 필요하도록 만들어 새로운 수요를 창출하여 판매할 수 있도록 하겠다는 것이 기업들의 생각이다.

정부에서도 우리나라 청년의 도전적인 해외진출을 지원하기 위해 K-MOVE 스쿨, 멘토단, 센터 등의 서비스를 제공하고 있기도 하며 해외취업성공장려금도 지급하고 있다. 그렇다면 이러한 해외에서 성공적인 업무를 수행할 수 있기를 기대하는 관리자나 청년들에게 어떠한 학습기회를 제공해야 할 것인가는 무엇보다도 중요한 문제일 것이다. 다양한 파견국가의 요구에 맞는 교육훈련 및 개발 프로그램도 적절히 설계되어야 할 것이고, 실제 생산이나 판매가 이루어지고 있는 국가의 문화, 언어, 역사, 관습은 물론이고 심지어 현지에서 채용된 종업원들의 개인적인 행동특성 및 해당국가의 정치적 상황도 면밀히 고려되어야 할 것이다.

우리나라 대표 자동차회사는 인도시장에서 해외자동차 메이커로서는 이례적으로 최단기간 생산누계 100만대를 달성한 바 있다. 특히, 최근 인도 내수시장의 급격한 위축에도 불구하고 판매순위는 물론 소형차종에 대해서는 여전히 동급차종 내 판매 수위를 유지하고 있는데, 이를 단순히 막대한 자본의 투입을 통한 해외시장 성공사례로 치부할 수만은 없다. 지역사회에서 기업이미지 관리는 물론 현지 시장에 대한 철저한 분석과 연구개발센터의 현지설립을 통해 보다 고객의 요구에 신속히 대응한 것이 그 성공요인이다. 인도인들의 전통적인 복식 중 하나인 터번에 착안하여 지붕이 높은 차량을 개발하여 투입하였으며, 비포장도로가 산재하고 평탄치 못한 도로사정을 고려해서스펜션 기능을 강화한 것은 시장별 고객의 성향과 특성을 분석하여 현지 상황과 이문화 및 다양성을 반영한 대표적인 사례이다.

해외로 진출한다 또는 글로벌화한다는 것은 국내에만 있을 때보다 훨씬 더 다양한 환경에 노출된다는 것을 의미한다. 다양하고 다르다는 것은 하나됨을 저해하는 부정적인 요인이 아니라 세상을 좀 더 다채롭게 만들 수 있다는 것을 인정하는 것에서 출발한다. 최근 한류의 바람은 중국, 일본이나 동남아시아 지역에서 불던 시기와는 다른 양상을 보어준다. 지금은 남미나 보수적이고 자국문화에 대한 자부심에 있어 최고라 할 수 있는 영국, 프랑스, 스페인 등 유럽국가에서도 한국 아이돌 바람이 일고 있다. 얼마 전 개막된 아시안게임 개막식에서도 한류스타들이 카메라 곳곳에서 얼굴을 내비치고 우리나라 가수의 노래를 함께 따라 부르고 춤을 추는 세계인들을 보았을 것이다.

그러나 우리사회는 지금 어떠한가? 글로벌 기업의 선전, 한류의 세계적인 확산, 월드컵 16강 진출 염원, 28년 만에 우리나라에서 개최되는 아시안게임 금메달 소식 등에는 고무되어 있지만 정치권을 포함한 우리사회 내부에서는 눈 앞에 산재해 있는 문제들을 해결하기 위해서 과연 남과 다른 다양성을 인정하고 대화를 시도하고 있는지 묻고싶다.

창조경제의 힘, 여성과학기술인 양성

2014.08.20.

여성 고급 인력의 활용은 선진사회로 가기 위한 필수조건으로 제기되고 있다. 특히 여성과학기술인의 활용을 보다 체계적으로 지원하기 위해서 정부는 2002년 '여성과학기술인 육성 및 지원에 관한 법률'을 제정하였으며, 이 법률에 따라 5년마다 기본계획이 수립되고 연차별 시행계획이 실행되고 있다. 현재는 2013년에 수립된 '제3차 여성과학기술인 육성 지원 기본 계획(2014~2018)'에 의거하여 여성과학기술인을 위한 지원이 실시되고 있다.

정부의 제1차 기본계획이 여성과학기술인 육성·지원을 위한 기반 마련을, 제2차 기본계획이 여성과학기술인 육성·지원 제도 혁신을 이루어 왔다면, 제3차 기본계획에서는 창조경제를 구현할 여성과학기술인의 본격적인 경쟁력 향상 및 경제활동 강화에 초점을 두고 여성과학기술인 육성·지원 정책이 목표로 해야 할 패러다임을 제시하고 있다. 그러나 이러한 정책들이 실행이 되고 있음에도 불구하고 기업이나 연구기관 및 학교에서 실제 활용 현황은 높지 않은 것이 현실이다.

여성과학기술인을 체계적으로 육성하기 위해서는 초등학교, 중학교부터 여학생 과학영재를 발굴하기 위한 노력이 필요하다. 실질적으로 일반계 고등학교에서 자연·공학과정을 선택하는 학생 수를 늘리는 것이 그 방안이 될 수 있다. 2012년 기준 전체 여학생 중 자연·공학과정 여학생 비율은 29.9%이며, 대학교 이공계 전공분야 여학생 비율은 전체 학위과정생의 28.3%(22만4225명)를 차지하고 있다. 그러나 여성의 학령인구가 증가되고 있는 상황을 고려할 때, 아직도 이공계 선택 비율이 상대적으로 낮으며, 우수 여성인력을 관련 분야에 유인하기 위한 정책적 대안이 필요하다.

과학과 엔지니어링 그리고 기술 분야는 인적구성에서 남성이 상대적으로 많이 분포하는 직업군으로 조직 분위기와 문화가 남성중심적으로 형성되어 있는 점도 여성과학기술인에게 어려움으로 다가올 가능성이 높다. 또한 여성과학기술인은 다른 직업군의 여성들과 마찬가지로 일·가정 갈등이나 육아 등을 이유로 경력단절을 경험하는 보편성을 갖는 동시에, 경력이 단절되면 복귀가 어렵다는 특수성이 있다.

여성과학기술인이 입직하는 시기는 대학을 졸업하는 20대 중반이나 대학원을 마치는 30대 전후의 연령이다. 그러나 다수의 여성인력이 본인이 원하는 직장에 취업하기보다는 하향 취업 및 전문성을 충분히 살리기 어려운 부문에서 직업을 갖게 된다. 특히 본인이 원하는 직장이나 직무에서 종사하게 된 여성 과기인들 조차도 조직에서 경력개발을 가장 활발하게 수행하는 시기인 25~40세에 결혼과 출산으로 인해 노동시장을 잠시 이탈하게 되거나 경력과 단절되어 가정에 잔류하거나 단순 업무직으로 전환하게 된다. 또한 출산과 육아를 마치고 조직에 복귀한 여성인력들은 남성 중심의 기업풍토에 경력장애를 경험하고 승진누락이나 재교육에 대한 부족으로 전문인력이나 여성리더로 성장하지 못하고 경쟁력이 약화되어 조직에 안착하지 못하는 것이 현실이다.

이러한 여성과학기술인의 경력개발을 지원하기 위해서 조직내에 다양한 프로그램이 전개되어야하는데, 인적자원관리 부문에서는 일가정 양립을 위한 법규를 제정하고 실태를 조사하는 등 다양한 노력이 이루어지는 반면 인적자원개발부문의 여성인력에 대한 투자는 미비한 상태이다. 특히 과학기술분야의 특수성을 고려하면 출산과 육아로 경력이 단절되는 1~2년의 기간이 결코 짧은 시간이 아닐 것이다. 이에 경력개발이 가장 활발하게 이루어지는 30~40세의 여성과학기술인에 대한 교육훈련 및 개발에 대한 지원이 무엇보다도 중요할 것이다.

정년 60세와 장년층 능력개발

2014.07.21.

60세 정년의무화 법안이 여야 합의를 통해 국회 본회의를 통과하면서 300인 이상 사업장은 2016년부터 300인 이하 중소사업장도 2017년부터 법적 의무사항이 되었다. 실제 정년 60세 법안통과는 인구 고령화에 따른 노동력 부족 현상을 해결하고 국민들의 노후소득을 보장하기 위한 의도로 발의되었는데, 이는 우리나라 근로자들의 은퇴시기가 55세 전후인 것을 감안할 때 국민연금 수급연령인 60세가 될 때까지의 소득공백을 채울 수 있는 실효성 있는 대책이기도 하다. 인접 국가인 일본과 독일은 정년이 65세이고 영국이나 미국은 특별히 정년이 없다는 것을 감안할 때 2010년 기준 우리나라 300인 이상 사업장 평균정년 57.4세는 상대적으로 매우 젊은 나이라 볼 수 있다.

수명의 연장과 노년기의 장기화는 개인의 노후생활과 안정적인 소득문제에 대해서도 관심을 가지게 한다. 2030년에 다다르면 한국인의 평균 기대수명도 100세에 근접할 것으로 전망되고 있으며, 이러한 노년기의 장기화에 따른 개인소득 문제를 해결하기 위해서는 연금을 포함하여 개인의 소득보장체제를 강화하는 방안과 함께 고령자의 경제활동을 촉진할 수 있도록 사회적 지원시스템을 갖추는 것이 반드시 필요하다.

기업의 입장에서는 인력의 고령화로 노동력의 질이 하락되고 장기적으로 노동생산성이 저하될 수 있다는 우려도 제기되고 있다. 최근 대기업과 국책연구기관을 포함한 다양한 분야에서 50세 이상의 장년층 인력에 대한 효과적인 활용방안에 대한 연구가 시행되고 있으나, 그 시급함과 중요성에 비해서는 정부나 지자체 차원의 종합적인 대책과 대응이 미흡한 것이 현실이다. 특히 정년 60세 시대를 맞이하여 장년층의 역량개발을 체계적으로 수행하고 적합직무 개발 및 발굴을 통해 오랜 지식과 경험을 가진 숙련된 근로자들이 조직에서 충분히 역량을 발휘하여 생산 활동에 보다 능동적으로 참여할 수 있는 기회를 제공해야 한다.

장년층 적합직무 개발 및 직무능력 향상을 위해서는 정부, 기업 및 개인이 각 주체가 되어 적극적으로 개선 노력을 수행해야 한다. 정부는 장년층을 포함한 우리나라 전체 연령별 직업능력개발에 대한 비전을 수립하고, 동시에 적합한 교육훈련 커리큘럼 개발과 인적자원개발 인프라를 정비하여 전략적 조정 및 지원기능을 강화할 필요가 있다. 특히 산학연의 전문가들과 함께 정년 60세, 인생 100세 시대를 대비하여 경험과 기술력을 갖춘 장년층 인력이 충분히 역량을 발휘할 수 있는 장을 제공하는 노력이 필요하다.

장년층의 고용효율성을 향상시키기 위해서는 지방자치단체의 지원도 필수적이다. 지역 고용지원센터를 중심으로 고령자 인력정보네트워크를 구축하고 공공부문 및 민간부문에 재교육이 필요한 직종을 선정하여 이에 부합되는 전문적인 기관을 통한 교육훈련도 체계적으로 실시해야 한다. 주중에는 업무수행으로 시간을 낼 수 없는 중소기업의 장년층 인력이 자율적으로 교육훈련에 참석할 수 있도록 원격학습이나 단기과정을 제공하는 것도 방법이다. 특히 정부에서 추진하고 있는 국가직무능력표준 구축사업과의 연계도 제안한다. 직무분석을 통한 범용적인 직무표준 개발 과정에서 장년층 적합직무로 판단할 수 있는 지표를 추가적으로 검토한다면 직무경력, 교육훈련 및 자격체계가 연동되는 통합적 국가역량체제 구축 의지와도 부합될 수 있을 것이다.

기업은 이러한 장년층 인력을 충분히 활용할 수 있도록 체계적인 프로세스를 통해 부문별 적합직무를 개발해야 하며, 다양한 진로선택 제도를 도입하여 장년층에게 근로시간 및 근무형태의 다양화를 통해서 전직 및 진로선택을 모색할 수 있는 기회를 부여하는 것도 필요하다. 또한 상대적으로 중년층이하 직원들만을 대상으로 실시된 기존의 인적자원개발 관행에 대한 변화도 필요하다. 이미 기업 인력의 고령화는 상당히 진행된 상태이며 향후에도 이러한 상황은 지속될 것이다. 상대적으로 교육훈련이나 개발의 기회를 받지 못하고 있는 장년층 인력을 대상으로 다양한 직무교육의 기회를 제공하여 변화에 대응할 수 있는 능력을 부여하고, 직무에 대한 전문성도 강화하여 조직내외의 활용도를 제고해야 한다. 이는 장기적으로 장년층 인력은 물론 젊은 층 재직근로자의 회사에 대한 헌신도와 애착을 높이는 방법이 될 수 있다.

2014-2021 **지역산업 고용노동 리뷰**

발행일 2021년 5월20일 초판 1쇄
지은이 윤동열
발행인 송자영
발행처 초아출판사
주소 서울시 성북구 정릉로 36길 41
전화 070-8739-0036
팩스 0504-178-5627
E-mail choapublish@hanmail.net
디자인 에이팩토리

ISBN 979-11-88425-13-6
정가 9,800원